박물관은 조용하지 않다

○ **일러두기**

이 책에 인용된 책의 제목은 『 』, 연구물은 「 」, 전시 제목은 《 》, 작품의 제목은 < > 안에 표기하였습니다.

박물관은 조용하지 않다

감상을 내 것으로 만드는 당당한 전시 관람의 기술

이연화 지음

위너스북
WINNER'S BOOK

추천의 글

전시를 보는 방법을 친절하게 안내해주는 이 책은 사실 권위로 가득찬 장소에서 나를 잃지 않도록 중심을 잡아 주는 책에 가깝다. 공인된 전시장에서 열리는 전시, 특히나 그곳이 거대한 박물관이나 미술관이라면 우리는 거기에 우리가 모르는 무언가 있으며, 우리에게 이해해야 할 의무가 있다고 여긴다. 이는 자연스레 권위에 짓눌린 감상과 판단으로 이어진다. 나의 시선과 의견보다는 누군가의 판단을 수동적으로 따르려고 한다. 내 눈으로 전시를 보았지만 그곳에 나 자신은 없다.

그러나 저자는 박물관의 커다란 권위에 짓눌리는 대신 눈앞에 온 것들을 차분하게 발견하고 분석한다. 전시장을 메운 수많은 비언어적 요소들은 저자의 눈길에 따라 하나의 의미를 가진 존재로 다시 태어난다. 우리 또한 그를 따라서 두려움이나 막연함을 걷어내고 그 아래에서 피어나는 질문을 찾아낸다. 이제 드넓은 전시장에서 우리는 혼자가 아니다. 이곳은 비로소 나만의 시선을 담은 장소로 다시 태어난다. 이 책이 전하는 것은 단순히 전시를 유용하게 관람하는 방법론을 넘어 권위 앞에 지지 않고 개인의 시선을 드러내는 태도, 역사에 개인의 삶을 더하고자 하는 저항이겠다.

박물관이 '조용하지 않다'고 말하는 제목을 곱씹어 본다. 우아한 침묵은 때때로 권위의 그림자가 된다. 그러나 이곳이 누군가 이야기를 떠드는 시끄러운 공간이라고 여길 때, 그리하여 우리 또한 그 이야기를 듣고 서슴없이 각자의 의견을 나눌 수 있다고 여길 때, 박물관은 오늘의 살아 있는 역사가 이어지는 놀라운 장소가 된다. 그러한 과정에서 저자는 먼저 손을 내밀되 절대 앞서가지 않는다. 책의 곳곳에 배어 있는 따스한 배려와 느긋한 속도는, 함께 의미를 만들어가자며 우리에게 손을 내민다.

'나도 잘 몰랐어요. 그런데 이렇게 하니 되더라고요. 우리 같이 가볼래요?'라고 말하는 이 다정한 책을 보고 난 뒤라면, 어떤 전시장에서든 있는 그대로의 나 자신으로 존재해도 괜찮을 것만 같다. 그리고 나는 그런 또렷한 시선을 가진 개인이 모여 오늘의 담론과 내일의 역사를 이루는 것이라고 덧붙이고 싶다.

- 김지연(미술비평가)

전시는 어떻게 관람해야 잘하는 걸까? 사람들은 늘 그 답을 찾으려 한다. 관람이 낯선 사람에게나, 더 나은 관람법을 구하는 사람에게 이 책은 적절한 가이드를 제공한다. 왕도나 정답은 없다. 저자 역시 단정 짓지 않는다. 친절하면서 나긋나긋한 어투로 관람자가 스스로 전시를 해석할 수 있도록 안내를 이어간다. 관객이 직접 관찰하고, 질문하며, 전시 대상 및 내용을 자신과 연결하는 과정. 이 과정을 함께 밟아가다 보면 결국 각자만의 시각으로 전시를 읽어낼 수 있게 된다. 또한 이 책은 관람객만을 위한 것은 아니다. 전시를 기획하는 사람들도 관람객의 생각을 늘 궁금해하기 때문이다. 관람객과의 소통을 희망하는 큐레이터에게는 이 책이 그 연결고리가 되어줄 것이다.

- 황해진(서울시 학예연구사)

이 책은 museumgoer를 위한 용감한 가이드북이자, museum worker를 위한 진보적 제안서이다. "말하기와 글쓰기를 주춤거리는 당신이 시대와 문화의 특별한 대표자"라고 외치는 저자는 관람객의 '전시경험'을 새로운 시각으로 풀어낸 구체적 사례들을 통해, 박물관을 둘러싼 권위의 이동은 물론, 박물관이 미래세대와 어떻게 함께 할 것인지에 대한 답을 찾아보게 한다.

- 박정언(큐레이터, 한국유교문화진흥원 연구위원)

책을 쓰며 떠올린 얼굴

이 책을 쓰며 떠올린 독자는 박물관에 익숙하진 않지만 한 번쯤 다가가보고자 노력하는 사람입니다. 그리고 다음으로 떠올린 독자는 박물관 바깥의 사람들이 박물관에 대해 어떻게 생각하는지 궁금해하는 관련 업계 종사자입니다. 실은 두 얼굴 모두 제 모습입니다. 이 책에 쓰인 글들의 첫 번째 독자는 저였습니다. 저와 비슷한 사람들이 쉽게 전시에 말을 붙이고 입을 떼고 글로 모일 수 있기를 바라는 마음으로 썼습니다. 박물관에 익숙해지기 전까지는 어떻게 제대로 보고 감상할 수 있는지 궁금했습니다. 그리고 박물관 내부에서 일하면서부터는 사람들이 박물관을 어떻게 생각하고 있는지, 그 목소리를 반영할 수 있다면 어떻게 해야 할지 궁금했습니다. 이들은 박물관의 안과 밖에서 서로를 진심으로 궁금해하지만 도대체 어디서부터 어떻게 말을 꺼내야 할지 모른다는 공통점이 있습니다. 그래서 이 책이 서로에게 보내는 초대장이 되었으면 합니다. 좋은 대화를 위해서는 무턱대고 희망사항을 쏟아내기보다는 이해를 구할 수 있는 상황을 공유하는 것이 먼저입니다. 서로가 박물관에서 구체적으로 무엇을, 어떻게, 왜 그렇게 했는지 제대로 묻고 답하고 싶은 마음으로부터 시작합니다.

책의 목적

저는 박물관이라는 공적인 장소에서 이야기를 하는 개인이 많아졌으면 좋겠습니다. 감상은 아주 개인적인 목표인 동시에 사회적인 활동입니다. 이 책은 관람자에게 전시 감상을 돕는 '도구'이자 감상을 토대로 의견을 교환할 수 있는 '체크리스트'입니다. 나의 감상으로부터 타인과 연결되는 기록과 대화를 장려합니다. 그래서 이 책에서 다루고 있는 전시 공간은 대부분 국공립 박물관 상설전시실입니다. 박물관은 여러 전시 공간 중에서도 대중과 시민에게 가장 열려 있어야 한다는 공공성을 지닌 곳입니다. 특히 운영의 주체가 국공립이라면 그 기대치 역시 더 높죠. 사회 안에서 박물관은 귀중한 물건을 보관하고 전시하는 장소이자 배움을 독려하는 곳입니다. 이 책을 통해 내가 가진 감상자의 권위를 확인하고 앞으로는 박물관을 기꺼이 누려보시기 바랍니다.

책의 구성

첫 번째 장에는 이론적 설명이 포함되어 있습니다. 실전 요령이 필요하신 분은 살짝 건너뛰어도 무방합니다. 더 많은 탐구를 위한 사람들에게 추천해 드립니다. 박물관의 권위는 어디로부터 나오는 것인지, 박물관 탄생의 배경은 무엇인지 알아봅시다. 특히 박물관이 근대국가와 시민 사이의 관계 설정에 중요한 역할을 한다는 점에서 여타 다른 전시 공간과 다른 성격을 지녔다는 점도 확인합니다.

두 번째 장에서는 전시 관람 경험을 이해하고 적용하기 위해 음식점, 책, 무대, 대화, 궁전에 빗대어 설명합니다. 음식점으로는 전시 관람 경험이 누적되는 과정에서 유의하면 좋을 지점을 확인합니다. 책으로는 전시가 일종의 편집물이라는 공통점에서 시작해서 물리적 특성을 갖고 있는 전시의 구성요소에 대해서 설명합니다. 무대로는 관람객이 어떻게 전시를 사용하는지 대한 이해를 돕습니다. 마지막으로 궁전은 복잡한 전시의 정보를 어떻게 오래 기억할 수 있는지에 대한 요령으로 제시됩니다.

세 번째 장에서는 관람 경험을 정리하는 구체적인 방식과 태도를 익힙니다. 기록과 대화를 통해 전시가 삶의 맥락 안에 어떻게 들어올 수 있는지 살핍니다. 그리고 박물관을 넘어 내 주변의 사물과 관계 짓는 법까지 나아갑니다.

네 번째 장은 저자가 직접 위의 과정을 밟아가며 익힌 사례를 제시합니다. 어떻게 이 책이 제안한 관람 방법이 적용될 수 있는지 확인합니다. 국립중앙박물관의 《분청사기·백자》 전시의 〈달항아리〉를 탐구합니다.

넓은 방향으로 가볍게 나아가는 책

이 책은 전시장과 책들 사이를 헤매며 나왔습니다. 저는 의아하고 의문스러운 상태로 문을 끝임없이 여는 감각으로 전시를 오갔습니다. 이 책은 이론서이기보다는 실용서입니다. 정답을 제시하는 책은 아니고 구체적인 하나의 방법론입니다. 제가 제안한 방식을 각자의 방식으로 덜어내고 덧입히면서 자신만의 감상 방법을 만들어보시면 좋겠습니다.

매번 어렵고 이상하게만 느껴지던 전시의 관람자인 스스로를 설득하며 썼습니다. 감상을 위한 정보와 지식은 어디까지 필요할지 궁금했고, 처음부터 끝까지 알지 못하는 상태라면 어떻게 관람을 완결성 있게 마무리할 수 있을지 궁금했습니다. 강박적인 깨달음을 구하기 위해 분투했던 과거에서 익숙하게 헤매는 지금으로 오기까지 도움이 되었던 것들을 정리했습니다. 이 책이 더 넓은 방향으로 가볍게 나아가도록 돕는 힘이 되길 바랍니다.

전시 관람에 도움을 줄 체크리스트

1. 전시를 보러 나서는 길

POINT 전시 고르고 관련 정보 모으기

관람 정보 확인하기

☐ 전시 종료일 ☐ 운영일 ☐ 운영시간

전시 공간의 유형

☐ 박물관/미술관 ☐ 갤러리(화랑) ☐ 아트페어
☐ 비엔날레 ☐ 대안공간 ☐ 복합문화공간
☐ 기타

전시의 유형

☐ 상설전시 ☐ 기획전시

전시 정보 살피기

☐ 전시 리뷰 참조해서 전반적인 사항 확인하기

☐ 더 많은 자료 확인하기: 공식 홈페이지, 블로그, 유튜브, 보도자료, 기타

추가사항

해당 기관 홈페이지에서 비전, 미션, 소개 글, 연혁을 확인하면 공간에 대한 이해를 높일 수 있습니다.

여러 개의 전시를 본다면 미리 동선을 짜는 것도 추천합니다. 안내데스크에서 도움을 받는 것도 좋습니다.

2. 전시장 입구에서

POINT 전시 공간의 환경을 살피고 관람 전략 세우기

공간 살피기

☐ 짐 맡기기 ☐ 화장실 ☐ 베이스캠프 정하기
☐ 아트숍 ☐ 자료실 ☐ 카페테리아

전시 관련 정보 확인하기

☐ 안내데스크에서 리플렛(안내 인쇄물) 챙기기
☐ 도슨트 정보 확인하기

전시 구성과 내용 확인하기

☐ 전시 서문: 전시 가장 맨 앞, 리플렛, 도록

☐ 전시 목차: 리플렛, 도록, 보도자료

☐ 전시 도면: 리플렛, 화재 대피도

3. 전시장 안에서

POINT 여러 번 돌아보며 전시 살피기

관람 1회차: 직감을 중심으로 전시 관찰하기

☐ 30분 내외로 빠르게 전시의 처음과 끝을 확인하기

☐ 나의 반응과 직감을 중심으로 관람하기: 메모, 촬영

☐ 나는 어떤 전시물 앞에서 오래 있었나요?

관람 2회차: 공간 분석하기

☐ 넓게 보기: 바닥, 벽면, 영역 구분

☐ 좁게 보기: 소분류, 전시물 주변의 조명, 배치, 안내문, 재질, 색 확인

☐ 전시를 만든 사람이 중요하게 생각한 전시물은 무엇인가요?

☐ 전시물의 조명, 위치, 벽면의 색상은 어떤가요?

☐ 어떤 전시물과 함께 배치되어 있나요?

☐ 기획자는 어떤 감각을 자극하며 전시에 몰입하게 했나요?

관람 3회차: 사진 촬영하기

☐ 가장 내 마음에 드는 혹은 소개하고 싶은 전시물은 무엇인가요?

☐ 가장 갖고 싶은 전시물은?

☐ 새롭게 알게 된 흥미로운 사실은?

전시물 앞에서 대화 나누기

☐ 전시물 위치 확인하기

(박물관 형태 〉 전시 유형 〉 전시 주제 〉 구획별 주제 〉 소구획 전시 〉 그룹 〉 아이템)

시각적 사고 전략 VTS(Visual Thinking Strategies) 적용하기

☐ 이 작품에서 무슨 일이 일어나고 있나요?

☐ 무엇을 보고 그렇게 말했나요?

☐ 또 어떤 것을 더 찾을 수 있나요?

전시에 대한 대화를 주고받을 때 참고할 점

☐ 설명할 부분을 손가락으로 가리키며 설명하기

☐ 질문에 감정과 오감에 대한 정보를 포함해서 대답하기

☐ 상대방의 답변을 새로운 표현으로 바꾸어 말하기

☐ 서로의 답변을 연결하기 / 합의를 만들거나 다양한 의견 자체를 모으기

4. 전시장을 떠나기 전

POINT 놓치지 않고 전시 경험 채록하기

전시장에서 기억나는 상황

□ 전시 관람 중 만들어진 에피소드가 있나요?

□ 다른 관람객들이 반응을 크게 보인 전시물은 무엇인가요?

□ 기억에 남는 다른 사람들의 대화가 있나요?

전시에 대한 전체적 인상 만들기

□ 전시는 어땠나요? [실험적 / 학술적 / 상업적 / 대중적]이었나요?

□ 전시의 설명 방식에 장단점이 있다면 무엇인가요? 어떤 부분이 그렇게 느껴졌나요?

□ 전시가 던지는 메시지를 긍정하나요, 부정하나요?

현실의 다른 정보와 연결하기

□ 전시와 함께 보면 좋을 음악, 영화, 책 등 다른 콘텐츠가 있다면?

□ 전시를 보며 떠올랐던 과거의 경험은?

□ 다시 방문한다면 함께 오고 싶은 사람은?

□ 이 전시를 추천하고 싶은 사람은?

□ 동행자를 통해 발견한 전시의 내용, 확장된 감상은?

5. 일상으로 돌아와서

POINT 전시 경험 모으고 엮기

전시 경험 모으기

□ 정보와 상황을 마주했던 순서를 중심으로 전시 경험 지도 그리기

전시 감상 기록하기

□ 전시실 안에서 찾은 문장을 조합해서 새 문장 만들기

□ 3~5개의 사진을 묶어서 제목 붙이기

□ 나의 물건과 전시물의 자리 바꿔보기

□ 색상을 고르고 감정을 엮어서 감상 쓰기

일상으로 전시 경험 연장하기

□ 관심 있는 전시물, 인물 꾸준히 찾아 보기

□ 주변 사물을 전시물처럼 살펴보기

□ 같은 전시 재방문하기

□ 주기적으로 과거에 기록한 전시 감상 살펴보기

차례

추천의 글 4

여는 글 7

전시 관람에 도움을 줄 체크리스트 12

PART 1 전시와 친해지기

01 우리가 볼 수 있는 전시들

전시를 보는 이유 25

전시 공간의 유형 28

박물관 전시의 유형들 35

국공립 박물관 상설전시를 자주 방문하는 이유 39

02 박물관, 전시, 유물이라는 세계

박물관의 탄생 44

박물관이라는 시스템 50

◆ 내 속을 시끄럽게 하는 박물관 58

박물관 전시를 보는 다양한 방법

01 식사하듯 전시 보기

전시 경험에 대한 큰 그림 68

우리의 식사 경험을 떠올려 봅시다 72

02 책 읽듯 전시 보기

전시도 책처럼 함께 보고 대화할 수 있을까? 79

전시 정보 구조화하기 83

03 무대 보듯 전시 보기

전시라는 무대 위에서 감상자라는 배우 되기 91

VTS를 작품에 적용하기 97

각본의 밖을 상상하기 101

04 전시와 상호작용하기

기억의 궁전 만들기 107

사물이 말을 걸어온다 114

◆ **질문하는 태도를 알려준 박물관** 118

전시를 내 것으로 만들기

01 리뷰 쓰는 방법

전시를 보고 말하고 기록해야하는 이유 127

전시 경험 모으기 131

경험에 이름 붙이기 135

02 함께 리뷰하는 방법

전시를 함께 보면 좋은 이유 142

사람들과 감상 나누는 법 147

03 리뷰 쓰기에 도움이 되는 습관

인용하기 153

인물과 나를 연결해 보기 157

주변 사물에게 말 걸어보기 161

◆ **소중함과 중요함은 만들어집니다** 166

박물관 찾아가기

국립중앙박물관에서 <달항아리>를 만나다

《분청사기·백자》 전시실 둘러보기 173

전시 안으로 개입하기 191

달항아리, 우리가 아는 '호장품' 194

달항아리를 조명하는 다양한 방식 202

전시를 확장하는 다른 사물 209

◆ **박물관이 나의 의견을 직접 묻는다면?** 217

맺는 글 220

PART 1

전시와
친해지기

01

우리가 볼 수 있는 전시들

전시를 보는 이유

비일상의 공간에서 일상을 연습하기

전시는 일상을 벗어난 비일상의 공간입니다. 적절한 온도, 조도, 습도가 맞춰진 실내 공간에는 가지런하게 정렬된 사물들이 이름표를 달고 사람들을 기다리고 있습니다. 깨끗하게 비워둔 공간과 조용한 시간은 누군가에게는 어색함을, 누군가에게는 안도감을 줍니다. 만약 전시를 보는 일에 약간의 문턱을 느끼는 분이라면, 심호흡 한 번 하고 전시장 문을 열어봅시다. 아무리 좋은 것이 앞에 있어도 굳어 있는 어깨로는 그 무엇도 느끼기 어렵습니다. 감상은 궁금해하는 사람에게만 열리는 문입니다. 의도가 담긴 전시 공간에서 시간을 보내는 것만으로도 감상하는 법을 연습할 수 있습니다.

우리가 서 있는 전시장이라는 공간은 많은 사람들의 시간과 노력이 모여 만들어졌습니다. 기획자는 우리에게 전시물이 더 잘 보일 수 있도록 다듬고, 더 잘 보일 수 있도록 공간을 마련하고 거기에 더 잘 이해하도록 돕고 싶어서 설명을 덧붙입니다.

비일상의 공간에서 세세하게 살펴보는 연습을 하고 나면, 새로운 시각으로 일상을 다시 만날 수 있습니다. 일상은 본래 풍부하고 다채롭습니다. 하지만 혼란 그 자체이기도 해요. 수많은 것들 중 대체 무엇을 살펴야 하는 건지 막막할 때가 있고, 그러면 그대로 흘려 넘기기도 합니다. 관람을 통해 서서히 나의 곁의 일상을 새롭게 보는 즐거움을 알게 되면 그걸 다시 경험하기 위해서 비일상의 공간으로 떠나게 됩니다.

전시에서 익히는 관찰

물론 단숨에 즐거움에 도달하기는 어려워요. 무언가에 익숙해지고 존중할 수 있으려면 많은 관찰과 연습이 필요하니까요. 존중을 '격식'이라고 표현할 때도 있습니다. 엄밀히 말하면 존중과 격식은 다르지만, 격식을 통해 존중이 실현되기도 하니까요. 전시장에 들어서면 학술연구나 미술시장이라는 세계와 마음을 주고받고 함께하는 과정에 익숙해질 필요가 있습니다. 전시장의 격식은 꽤 오랫동안 지속되어 왔고 그래서 나름의 규칙이 있습니다. 그러니 사람들이 자주 쓰는 격식의 방식을 참고 사항으로 두고 존중을 익혀보면 좋을 것 같습니다.

우리가 무언가를 감상할 장소가 꼭 전시장일 필요는 없다고 생각해요. 무엇에든 이끌린다면 감상은 가능하겠죠. 그럼에도 우리는 왜 구태여 전시장에 가서 무언가를 감상하는 걸까요? 답은 질문 속에 있습니다. 전시장은 전시를 보기 위해 노력하는 사람을 맞이하기 위해 준비된 공간이기 때문입니다. 전시는 준비된 것을 천천히 살피는 것만으로도 연습의 기회를 제공합니다.

전시 공간의 유형

전시 공간의 유형은 전시에 어떤 영향을 주게 될까요? 우리는 전시 공간의 이름을 통해 무엇을 알 수 있을까요? 전시 공간의 유형, 운영주체와 미션은 전시에 큰 영향을 미칩니다. 그런 면에서 전시 공간의 유형을 알아두는 건 도움이 됩니다. 그중에서도 대표적인 전시 공간 몇 가지를 선정해 보았습니다. 박물관·미술관, 갤러리, 아트페어, 비엔날레, 대안공간, 복합문화공간입니다.

박물관·미술관 (Museum)

박물관(博物館)은 여타 전시 공간보다 가장 권위있고, 학술적인 비영리기관입니다. 기관 자체가 공공의 성격을 내포하고 있습니다. 심지어는 기업에서 운영하고 있는 사립 박물관과 미술관도요. 법적인 근거에 따라 적절한 건물, 소장품, 인력이 요구됩니다. 우리나라에서는 박물관과 미술관의 구분이 명확하지만 해외에서는 보통 뮤지엄(museum)이라는 단어로 이 둘을 통칭합니다. 미술에 특화된 박물관을 미술관이라고도 할 수 있습니다. 박물관과 미술관의 용어 구분은 뮤지엄(museum)을 일본어로 번역한 것을 다시 한국어로 번역하며 자리잡게 된 것입니다.• 무료로 운영되는 곳도 많으나, 박물관이나 미술관은 학술적으로 연구한 내용을 바탕으로 전시를 기획하고 입장료를 받는 곳도 있습니다.

갤러리 (gallery)

우리나라의 경우 작품을 사고 팔 수 있으며 영리를 목적으로 운영된다는 것이 박물관과 갤러리의 가장 큰 차이점입

• 박소현, 「미술의 공공성을 둘러싼 경합의 위상학-일본에서의 미술가/비평가 탄생에 대한 재해석」, 『한국근현대미술사학』 20집, 한국근대미술사학회, 2009, 117~134쪽

니다. 갤러리는 '화랑(畵廊)'이라고도 합니다. 인포메이션 데스크에서 작품에 대한 판매 사항을 문의할 수 있고 대부분의 갤러리에서는 전시와 작품에 대한 정보를 종이 한 장에 담아 준비하는 경우가 많습니다. 작품별 캡션도 해당 인쇄물을 통해 확인할 수 있습니다. 박물관과 미술관에 비해 관련 작품이나 작업을 정리한 자료가 적지만, 훨씬 많은 수의 전시를 합니다. 짧으면 일주일, 길면 세 달 정도의 기간을 두고 새로운 전시와 작가를 금세 만나볼 수 있다는 장점이 있습니다. 해외에서는 국공립 미술관을 갤러리라고 부르는 경우도 있습니다.

아트페어 (art fair)

여러 갤러리와 작가가 함께 모여서 작품을 판매하는 행사입니다. 대규모 행사장 여러 부스에서 각각의 판매 주체가 작품을 전시하고 판매합니다. 2003년 문화체육관광부는 '아트페어'라는 말을 우리말로 순화하여 '미술 장터'라는 용어를 내놓기도 했습니다. 국내에서는 화랑미술제, 키아프(KIAF)가 대표적이며 국제적 규모의 아트페어로는 프리즈(Frieze)가 있습니다.

비엔날레 (Biennale)

비엔날레는 이탈리아어로 '2년마다'라는 뜻으로, 대규모로 진행되는 국제적 전시회를 지칭합니다. 세계 최초의 비엔날레는 1895년에 열린 이탈리아 베니스 비엔날레입니다. 이후 전 세계에서 비엔날레라는 형식의 전시를 진행하고 있습니다. 베니스 비엔날레는 일명 미술계의 올림픽이라는 별명이 붙기도 했는데, 참여하는 나라들이 각국의 최신의 미술경향을 소개하며 각축을 벌이는 모습을 보이기 때문입니다. 초기에는 젊은 미술가를 중심으로 실험성과 지역성을 내세웠지만, 그 기준이 흐릿해진 부분도 있습니다. 3년마다 개최되는 트리엔날레(Triennale)도 있습니다.

대안공간 (代案空間, alternative space)

기존의 예술계에서 주목하지 않은 작가, 메시지 등을 조명하며 기성 박물관이나 갤러리가 할 수 없는 역할을 하는 곳입니다. 실험적으로 기존 체계 밖의 예술을 다룬다고는 하지만, 이 대안공간 역시 시간이 흐르며 그 성격이 보수적으로 바뀌었다는 비판이 있습니다. 최근에는 대안공간이라는 말 대신 신생공간이라고 부르는 경우도 많습니다. 젊은 기획자나 작가를 중심으로 하는 전시 공간도 나타납니다. '대안 공간 루프'를 비롯하여 '중간지점', '온수공간' 등이 있습니다.

복합문화공간

이름에서 나타나듯, 두 개 이상의 문화적 행위를 할 수 있는 곳입니다. 대안공간과 유사한 지점들이 있습니다. 차이점이 있다면 '대안'이라는 말이 주는 실험적인 인상보다는 운영의 지속가능성을 위한 '영리'의 목적을 충실히 수행한다는 점입니다. 예술적 실험성과 현실적인 손익 간의 균형점이 각각 달라서 인상도 다르게 느껴집니다. 반드시 예술이나 미술만을 다루는 공간이 아닌 음식과 패션 등 관련한 콘텐츠까지 확장하는 공간이 되어가고 있습니다.

누가, 왜 만든 공간일까?

이 모든 전시 공간의 역사와 특징을 다 알아야 할까요? 전시 공간에 대한 이론들은 정리되어 있으나 현실이라는 건 언제나 변화하기 때문에 이론이 서로 중첩되는 혼란도 있습니다. 전시공간은 여러 문화예술계 주체들과 복합적인 생태계를 이루고 있습니다. 운영의 주체가 개인과 갤러리라고 해서 매번 영리를 최우선에 두는 것도 아닙니다. 어떤 사적 개입은 관성적 공보다 더 많은 공공성을 만들기도 하고, 공공이 만든 자리에서 성장해서 예술산업계 전반에 더 크고 긍정적인 영향력을 주기도 합니다. 그러니 우리가 전시를 골라야 할 최소한 기준을 세워보는 것으로 대신하는 건 어떨까요? 관람의 태도를 좀 더 편안하게 하기 위해서요.

해당 전시 공간을 누가, 어떤 이유로, 어떻게 얻은 예산으로 운영하고 있는가를 살펴봅니다. 그것을 좀 구체적인 용어로 살피면 설립 주체와 비전, 미션이라고 할 수 있습니다. 좀 더 현실적으로 이야기해 볼까요? 이 전시를 누가 어떤 과정으로 만들었을지 생각해 봅시다. 승인하고 수락하는 과정이 국공립 기관이라면? 대기업 소속 사립 기관이라면? 좀 더 공식적인 절차와 관여자가 많겠죠. 그래서 안전한 혹은 보수적인 그리고 지속적이고 권위 있는 선택을 합니다. 비교적 작은 규모의 공간이라면 조직도가 짧아서 승인과 결제의 속도가 빠르고 변화에 유연하게 대처할 수 있습니다. 그리고 선택의 주제가 기획자 중심인지 혹은 작가 중심인지에 따라서도 판단의 이유와 근거가 다르겠죠. 전시가 만들어지는 과정

안에 여러 의견들이 취합되고 선택되면서 우리 눈 앞에 나타나게 됩니다. 전시 공간은 현실과 떨어져 있는 존재처럼 느껴지지만 언제나 현실의 조건이 영향을 끼치고 있다는 걸 알 수 있습니다. 이조차 번거롭다면? 안내데스크에서 알려주는 주의사항만 알고 있으면 됩니다.

내 주변의 박물관 찾기

주변 박물관을 가보고 싶다면 지도 어플에 박물관이라고 검색해서 살펴보는 것이 가장 쉬운 접근이 될 것 같습니다. 아니면 한국박물관협회(https://museum.or.kr/2014) 홈페이지를 들어가면 소속된 박물관과 미술관을 찾아볼 수 있습니다. 국립, 공립, 사립, 대학처럼 운영주체에 따라 구분되어 있기도 하고 지역별로도 찾아볼 수 있습니다. 우리나라에 이렇게나 많은 박물관이 있었나 하고 놀라실 겁니다. 어떤 지역을 가도 박물관부터 찾는 저에게는 보물 같은 홈페이지인데요. 여행이 막힐 때는 이 목록을 저의 비빌 언덕이라고 생각하며 하나씩 가보고 있어요. 여전히 가본 곳보다 못 가본 곳이 많네요.

박물관 전시의 유형들

상설전시는 긴 호흡의 전시

여러 가지 방식으로 전시를 구분할 수 있지만, 저는 상설전시와 기획전시로 나누어 살펴보는 것을 추천합니다. 상설전시와 기획전시의 구분은 '전시 기간'입니다. 이는 전시 구성에 큰 영향을 끼칩니다. 상설전시는 비교적 긴 시간을 두고 하는 전시로 10년 이상 같은 형태로 유지되기도 합니다. 최근에는 4~5년 정도로 개편 주기가 짧아지는 경향이 있습니다. 전면적 개편 대신 일부만 개편하기도 합니다.

상설전시는 긴 시간 동일한 전시를 하기 때문에 몇 가지 특징을 갖고 있습니다. 상설전시는 보통 박물관의 미션, 비전과 같은 정책을 잘 나타내는 주제를 선정합니다. 대외적인 필요에 의해 주제나 전시물이 편집되기도 하고, 박물관 내부의 학술연구나 기획전의 성과를 반영하여 개편합니다. 자연스럽게 각 전시물의 해석자료가 풍부한 편입니다. 또한 오랫동안 전시되기 때문에 관내 소장품을 중심으로 전시가 이루어집니다. 전시장은 물리적 내구성과 관리의 편리함을 고려하고 시간이 지나도 촌스러워보지 않는 디자인을 고심합니다.

기획전시는 짧은 호흡의 전시

기획전시는 상설전시에 비해 실험적이고 뾰족합니다. 때에 알맞은 주제를 선정하고, 협력을 받을 수 있는 자원에 따라 컨셉, 내용, 디자인에 새로운 시도를 적용할 수 있습니다. 기획전시는 각 전시가 주요하게 생각하는 지점에 따라 특별전, 주제전, 순회전, 소장품전 등 여러 이름으로 바뀔 수도 있습니다. 여타 기관 혹은 기업과의 협업을 통해 확보된 재원과 소장품을 바탕으로 새로운 기획을 하거나 다른 곳에서 했던 전시를 다시 한 번 진행할 수도 있습니다. 꼭 기관 밖의 변화만이 특정한 기획을 만드는 것은 아니고, 기관의 목표나 필요에 따라 소장품을 갖고 하는 기획전도 가능합니다. 예를 들어 신소장품과 기존 소장품을 특정한 주제로 묶어 새롭게 조명할 수도 있습니다.

상설전시와 기획전시를 만날 때

상설전시와 기획전시를 구분해서 봐야 하는 이유는 박물관이 전시를 소개하는 방식에 차이가 있기 때문입니다. 매체 홍보를 통해 접하는 전시는 대부분 기획전시입니다. 이러한 홍보는 관람객이 기획전시의 관람 여부를 결정하도록 하는 데 도움을 줍니다. 기획전시의 제목과 소개 방식에 따라 전시의 성격과 강조점이 다르게 느껴질 수 있으며, 이는 전시의 맥락을 이해하는 중요한 정보로 활용할 수 있습니다. 반면 상설전시는 언제나 변함없이 자리를 지키지만, 홍보로 만나기는 어렵습니다. 그래서 관람객들이 기획전시만 보고 상설전시는 보지 않는 경우가 많아서 개인적으로 아쉬울 때가 있어요. 기관에서는 하나의 전시를 다양하게 즐길 수 있는 도슨트, 교육 프로그램, 자료를 제공합니다. 어떤 기관은 전시와 관련한 차곡차곡 쌓아둔 자료들이 정말 잘 정리되어 있어서 전시가 아니라 관련 자료만 읽다가 오는 경우도 있습니다. 상설전시가 마냥 같은 것을 보여준다는 인상은 잠시 거두고 쌓여 있는 프로그램과 자료와 함께 전시를 보시길 추천해 드립니다. 사실 상설전시의 맛은 반복 관람에 있거든요. 반복하실 때마다 감상이 바뀌며 감탄하실지도 몰라요. '내가 이렇게 변화했구나' 하고요.

국공립 박물관 상설전시를 자주 방문하는 이유

서울은 대한민국의 어떤 도시보다 많은 전시가 생겨납니다. 제가 지방에 살고 있을 때는 서울로 와서 전시를 보는 것 일이 참 어려운 일이었어요. 이미 서울로 오는 과정에서 시간과 에너지와 비용을 많이 쓴 상황이라서 삼청동의 유명한 갤러리와 광화문 인근의 박물관을 방문했죠. 밀집해 있기도 하고 무료인 경우가 많으니까요. 그중에서도 갤러리보다 박물관이 편안했어요. 갤러리는 규모가 천차만별이겠지만, 대체로 박물관에 비해서는 규모가 작죠. 그러다 보니 혼자서 전시를 보는 경우도 종종 있었어요. 전시실에 들어가면 너무 조용해서 숙연해질만큼 고요해요. 전 이상하게 데스크에 계신 분이 저를 관찰하고 있지 않을까 긴장되곤 했어요. 마치 옷 가게에 들어가서 친절한 점원을 부담스러워서 도망치고 싶은 것과 비슷한 느낌이랄까요. 그래서 사람들이 많아 북적거리고 전시장이 커서 저라는 관람객이 잘 눈에 띄지 않는 박물관이 편했어요. 갤러리에 비하면 설명도 많았고요. 그래서 온전히 관람객으로서 전시를 보러 다닐 때도 박물관은 재미없어도 만만하다고 느껴졌어요. 갤러리나 미술관보다는 마음의 거리가 가까웠습니다. 박물관에서 직원으로 일할 때도 주로 교육 업무를 담당하면서 상설 전시실을 주제로 프로그램을 운영하는 경우가 많았죠. 그러다 보니 누구보다 더 전시장 환경 안에서 오래 지켜보고 그 안에서 사람들과 만나는 일이 빈번했습니다. 조직 밖을 나와서 전시 모임을 시작할 때도, 제가 박물관 상설 전시를 좀 더 가깝게 느끼고 있었기 때문에 박물관 상설 전시를 자주 소개했습니다. 사람들이 박물관 상설 전시에 큰 흥미를 느끼지 못하는 걸 알고 있지만, 그래도 시작은 여기부터 해야 한다고 생각했어요. 이건 저를 이해하는 일이기도 했습니다.

저는 함께 전시 보기를 권유하지만, 전시 없는 삶에도 문제는 없다고 생각합니다. 전시가 아닌 다른 방식으로 삶의 여력과 풍요를 만드는 사람도 많고요. 그래서 별로 좋아하지 않는 마케팅 문구가 "필수적인, 꼭 방문해야 하는"이라는 표현입니다. 전시 감상이라는 것이 그렇게 꼭 필요한 일인가 싶어요. 삶에 여유가 있어야 전시도 보는 것이죠. 그런 점에서 박물관 상설 전시의 장점이 더 도드라집니다. 비교적 전국적으로 분포가 되어 있고, 대다수의 전시가 무료라는 점에서 접근성이 좋아요. 무엇보다 오랫동안 지속된다는 점이 큰 장점입니다. 서툴고 어색한 관람객이라도 전시가 익숙해질 때까지 충분히 머물 수 있도록 해주거든요. 화려하지 않고 눈길이 가지 않더라도, 글씨와 모조품으로 가득해도 상관없어요. 내가 읽어주길 기다리고 있는 곳이니까요. 다음을 만들 수 있도록 열려 있다는 것 자체로 충분하기 때문에 자꾸만 반복해서 보게 됩니다. 제가 다른 사람을 안내할 때도 그래요. 여기는 내게 익숙한 곳이니까, 다른 사람을 초대하고 싶어요.

'모두를 위한 박물관', '포용하는 전시'. 국공립 전시 기관이라면 꼭 찾아볼 수 있는 문구입니다. 홈페이지 비전과 미션에 쓰여 있지 않더라도 근무하는 분들 종이 문서 어딘가 한 귀퉁이에는 분명히 있을 겁니다. 우리가 '시민'의 이름으로 근대라는 시대를 열고 나서부터 박물관은 시민을 위한 기관임을 자처하고 있습니다. 그러니 시민인 저는 기관이 이를 어떤 방식으로 실행하고 있는지 살피고, 이를 만들어가는 자세로 지켜보고 함께해야겠죠. 이 과정을 만들어간다는 점에서도 박물관 상설 전시는 중요합니다. 긴 호흡으로 관람객을, 시민의 목소리를 들을 수 있는 창구니까요. 긴 시간 전시가 이어진다는 점에서 전시를 보는 사람들은 물리적으로 함께할 수는 없어도 시간을 두고 차차 함께할 수 있습니다. 그러니 당신의 목소리로 다음이 만들어질 수 있도록 종종 박물관 상설 전시를 살펴봐 주시면 좋겠네요.

02

박물관, 전시, 유물이라는 세계

박물관의 탄생

박물관은 왜 생겼나요? 꼭 필요한가요?

물건을 수집하고 학습하는 행위는 인간의 본능에 가깝습니다. 이렇게 생각하면 박물관이라는 장소의 기원은 매우 오래되었을 것입니다. 그렇다고 박물관을 중요한 물건들을 모은 물리적인 장소라고 설명한다면, 이는 박물관의 존재 이유와 특성을 다 설명하지 못합니다. 단순히 중요한 물건을 모아 둔다면, 내 방도 박물관이 될 수 있겠죠? 우리가 흔히 생각하는 박물관의 모습은 근대에 시작되었습니다. 박물관의 출발은 프랑스 시민혁명 이후의 사회적 변화와 밀접한 관련이 있습니다. 근대 이전까지 높은 계급의 사람들은 사치스럽고 귀한 물건들을 자신만의 공간에 보관하며 소유했습니다. 이 진귀한 물건을 볼 수 있는 사람은 소유주와 소유주가 초대하는 몇 명에 불과했죠. 시민혁명은 계급 사회를 붕괴시키고, 시민이라는 새로운 정치 주체를 등장시켰습니다. 그렇다면, 이전 시대 왕과 귀족이 모아둔 물건들은 어떻게 해야 할까요? 사람들이 모두 이 귀중품들을 공평하게 나누어 가질 수 있을까요? 불가능한 일이겠죠. 그래서 '공공'이라는 이름으로 국가가 소유하고 관리할 물리적 장소가 필요하게 되었습니다. 지금 우리가 알고 있는 근대적 박물관의 시작입니다. 이렇게 시민혁명 이후, 박물관은 시민들에게 문화적 자산을 개방하고 접근할 수 있는 권리를 제공함으로써 실현되었습니다.

박물관의 두 얼굴

역사적 탄생 배경을 살펴보면 박물관이 단순한 수집 장소를 넘어, 교육적, 문화적, 사회적 역할을 수행하는 공공 기관이라는 사실이 어색하지 않습니다. 시민혁명 직후, 박물관의 물건들은 시민의 승리를 상징하는 전리품이 되었고, 이러한 물건을 보는 관람 행위는 근대 시민에게 교육적이고 장려될 만한 것이 됩니다. 박물관은 소장품의 보존과 전시를 통해 역사와 문화를 전달하며, 사회적 기억을 유지하고 학습의 장을 제공합니다. 전시된 물건은 사람들에게 더 많은 상상과 이야기를 촉진합니다. 그리고 시민을 위해 태어난 박물관은 점차 근대국가의 입장을 나타내는 기관이 됩니다. 시대의 흐름 안에서 박물관은 '진보적 역사관'의 논리를 뒷받침해 주는 증거가 되기도 했습니다.• 진보적 역사관은 인류는 점차 진보한다는 직선적인 방향으로 바라보는 관점입니다. 야만은 과거이며, 문명은 미래라는 직선적 시간 축 위에 올려두고 위계를 설명합니다. 유럽과 미국의 등의 나라가 문명이라는 이름으로 아프리카, 아시아, 오세아니아 등에 식민지를 세우는 논리 중 하나였죠. 문명은 야만의 땅에 깃발을 세우고 미지의 영역을 개척하고 해석합니다. 식민지가 된 국가의 역사는 점차 밀려나고 대신 박물관이 제국의 입장으로 식

• 박소현, 「평등한 박물관은 어떻게 가능한가: 접근권의 평등과 '비-관람객'/'배제된 자들'의 목소리를 중심으로」, 『박물관학보』 40집(2021), 한국박물관학회, 1~30쪽

민지의 역사를 다시 쓰게 됩니다. 박물관은 누구의 입장에서 무엇을 어떻게 해석해야 하는지 질문하게 만들었습니다.

박물관에 대한 새로운 요구

이러한 배경 아래 1980년대 '신(新)박물관학'이 나타납니다. 박물관의 사회적 책임과 역할을 다시금 촉구하는 움직임이었죠. 최초의 박물관은 시민을 위한 기관이었다는 사실을 상기시키며 박물관의 민주적, 포용적 역할을 강화합니다. 그래서 신박물관학 이후 박물관은 중립성을 넘어 사회적, 정치적 맥락을 고려하고 공동체 참여를 강조합니다. 역사와 해석의 과정에 더 많은 사람들이 참여하기를 독려합니다. 기존의 전통적 박물관학이 소장품과 전문가 중심이었다면 신박물관학은 박물관과 사회의 상호작용을 중시합니다. 사회가 직면한 문제에 대해 박물관이 질문하고 답변하며 상황을 해결해 나가자는 입장입니다. 박물관과 사회의 관계의 변화는 느리지만 꾸준히 나타납니다. 그리고 2022년 프라하에서 열린 ICOM(국제박물관협의회)의 특별총회에서 결정된 박물관의 정의에서도 그 변화를 찾아볼 수 있습니다.

"박물관은 유무형 유산을 연구·수집·보존·해석 전시하여 사회에 봉사하는 비영리 영구기관이다. 박물관은 모두에게 열려 있어 이용하기 쉽고 포용적이어서 다양성과 지속 가능성을 촉진한다. 박물관은 공동체의 참여로 윤리적이고 전문적으로 소통하며, 교육·향유·성찰·지식 공유를 위한 다양한 경험을 제공한다."

첫 번째 줄과 두 번째 줄은 그래도 우리에게 익숙한 박물관의 역할과 정의에 가깝습니다. 세 번째 줄에 나타난 '소통'과 '다양한 경험 제공'은 이제 더 이상 박물관의 부가적인 기능이 아니라 필수적인 역할입니다. 박물관은 누가 무엇을 어떻게 해석할 것인지, 그래서 어떤 것이 중요한 것인지 끊임없이 묻는 일을 합니다.

박물관의 권위는 어디에서 나오는 걸까요?

박물관은 개인과 사회에 중요한 영향을 미칩니다. 그렇다면 그 중요한 역할이 되는 권위는 어디로부터 나오는 걸까요? 박물관의 권위는 시민의 신뢰로부터 나옵니다. 박물관은 단순히 유물을 보존하는 공간을 넘어, 민주사회에서 시민들이 문화적 자산에 접근할 수 있도록 하는 역할을 합니다. 박물관은 역사적 소장품을 통해 제공되는 진실성과 신뢰성을 토대로 소장품을 연구하고 보존하는 전문성을 갖추고 있는 기관입니다. 박물관은 시민이 더 나은 방식으로 교육받기 위해 존재합니다. 따라서, 박물관의 권위는 시민들이 박물관을 통해 얻는 교육적, 문화적 혜택에서 비롯되며, 이는 박물관이 민주적 사회에서 공공의 신뢰와 지지를 받는 중요한 이유가 됩니다. 여러 기관에서 '모두를 위한 박물관'이라는 슬로건을 강조하며 이를 실현하고자 하는 목적은 박물관의 존재 이유와 연결되어 있습니다.

박물관이라는 시스템

박물관은 문헌정보시스템 중 하나

지금까지 박물관의 역사를 살펴보면서 박물관이 왜 존재하게 되었는지, 어떤 일을 해야 하는지에 대해서 설명해보았는데요. 이번에는 그래서 어떻게 기능하고 있는지 확인해보려고 합니다. 혹시 라키비움(Larchiveum)이라는 말을 들어보셨나요? 라키비움은 도서관(library), 기록관(archives), 박물관(museum)을 결합한 단어로, 도서관, 기록관, 박물관은 각각 문헌정보시스템(Library and Information System, LIS)의 범주에 들어갑니다.• 각 기관은 특정 유형의 자료와 정보에 초점을 맞추고 있지만, 이들은 모두 정보를 수집, 조직, 보존, 제공합니다. 이들은 정보를 체계적으로 관리하고 이용자에게 제공함으로써, 지식의 저장과 확산, 교육, 연구를 지원하는 역할을 합니다. 이렇게 관점에서 박물관은 물건이 있는 곳이 아니라 활용할 수 있도록 지식을 모은 곳이 됩니다. 그리고 보존만큼 중요한 건 활용이죠.

박물관 시스템 안에서 소장품은 문서가 됩니다

화려한 고려시대 청자 주전자뿐 아니라 오늘 집에서 사용한 평범한 물컵도 소장품이 될 수 있습니다. 사실 세상 모든 사물들은 박물관의 소장품이 될 수 있습니다. 그렇다면 소장품이 되는 물건과 되지 못하는 물건은 어떤 차이를 가질까요? 이 사이를 가르는 건 '등록'이라는 절차입니다. 문헌정보 시스템에서 소장품의 문서화는 유물의 정보를 체계적으로 기록하고 보존하는 과정을 의미합니다. 이를 통해 유물의 출처, 연대, 상태 등의 정보를 정확하게 관리합니다. 문서화

• 키어스튼 F. 라탐·존 E. 시몬스 저, 배기동 옮김, 『박물관학의 기초』, 주류성, 2019, 47쪽

된 소장품은 역사적, 문화적, 예술적 가치가 있는 물건이 됩니다. 이 물건들은 특정 시대나 문화 또는 사건을 대표하며, 박물관을 통해 연구되고 전시됩니다. 소장품은 학습과 연구 자료로써 역할을 합니다. 심지어 등록된 실물이 물리적으로 손상되거나 등록 해제가 되어도 문서화된 정보는 지속적으로 보존되고 사용됩니다. 등록된 사물은 원문이 되어서 글이 되고, 사진이 되고, 연구물이 되고, 전시가 됩니다. 또 기사가 되거나 음악이 되기도 합니다. 여기에 관람객의 감상도 포함될 수 있죠. 이 모든 것은 문헌정보시스템으로 활용되어 파생된 일종의 문서가 됩니다. 더 많은 문서가 파생되고 계속해서 인용된다면 등록된 소장품은 사람들에게 지식으로 충분히 사용된다고 할 수 있습니다. 감상을 말하는 시민의 대화와 기록이라는 문서를 만들어냅니다. 이것은 넓게 보면 문서에 대한 새로운 지식생산의 과정에 참여하는, 파생된 문서화를 담당하고 있는 것입니다. 파생된 문서가 누적되면, 다음에 관람할 사람들의 학습에 관여할 수 있습니다. 큰 맥락에서 보면 박물관은 사회와 피드백을 받으며 변화합니다.

어떤 것이 박물관의 소장품이 될까요?

모든 것이 소장품이 될 수 있다고 한다면, 구체적으로 어떤 물건이 소장품이 되는 걸까요? 박물관이라는 시스템은 결국 사람들을 통해 운영됩니다. 박물관의 포부가 높고 크다고 해도 실제로 박물관의 자원은 한정적입니다. 그래서 박물관은 가장 유용할 것이라고 판단되는 것을 수집합니다. 각각의 박물관은 미션, 비전 등의 내부 정책을 토대로 무엇을 수집할지 고민합니다. 그리고 절차에 따라 등록과정을 거치게 됩니다. 사실 무엇을 소장품으로 만들고, 어떻게 보존, 복원, 활용할 것인지에 대해서 사회적인 합의를 만드는 과정이 필요합니다. 무엇이 의미 있는지 정답을 내리기는 어렵습니다. 다만 이 과정을 만드는 것 자체가 인류 공동체가 무엇을 중요하게 생각하고 어떻게 기억할지 정리하고 겨뤄보는 작업이 된다는 점에서 박물관은 중요한 공간이 됩니다. 박물관은 자신이 갖고 있는 유한한 자원을 나누어 무엇에 어떻게 쓰고 유지할 것인가에 대한 논의를 하고 실행합니다.

캐롤 던컨은 『미술관이라는 환상』•에서 "미술관은 공동

• 캐롤 던컨 저, 김용규 옮김, 『미술관이라는 환상』, 경성대학교 출판부, 2015, 270쪽

체들이 스스로를 하나의 공동체로 인식할 수 있게 해주는 가치들을 완성할 수 있는 공간이다. 그 한계가 무엇이든, 크든 작든, 그리고 그것들이 아무리 주변적인 것이라 하더라도, 미술관의 공간은 한번 싸워볼 만한 가치가 있는 공간이다"라고 말합니다.

관람객은 전시에서 무엇에 대해 이야기할 수 있을까요?

"나는 아는 게 없어서 박물관에서 할 말이 없어"라고 말하는 분들이 있습니다. 물론 전시물에 대한 사전지식이 있다면 할 말은 많아지겠죠. 하지만 전시에 지식과 정보는 이미 충분히 마련되어 있습니다. 그걸 부러 공부하고 갈 필요는 없습니다. 우리가 전시에 대해서 이야기할 수 있는 건, 이 전시가 나에게 어떤 방식으로 이야기를 전하는가에 대해서입니다. 박물관은 어떤 우선순위에 따라서 주제들을 골랐고 그게 정말 나를 포함한 다른 사람들에게 전달할 만한 정보인지, 그 정보를 효과적으로 전달하고 있는지에 대해서 이야기할 수 있습니다. 큐레이션(curation)이라는 단어를 아시죠? 여러 콘텐츠를 수집해 공유하고 가치를 부여해 다른 사람이 소비할 수 있도록 도와주는 서비스를 말합니다. 그 어원이 미술관과 박물관 등에 전시되는 작품을 기획하고 설명해주는 '큐레이터(curator)'에서 파생되었다는 걸 생각하면 전시에 보다 쉽게 다가갈 수 있습니다. 큐레이션 콘텐츠의 내용을 전부 알지는 못해도, 내가 원했던 방식과 종류의 콘텐츠가 선별되었는지, 만족스러운 큐레이션인지에 대한 이야기는 충분히 이야기할 수 있습니다. 박물관에서 감상은 지식 습득을 포함해서 기존의 해석의 의미를 판독하는 것까지 포함합니다. 박물관이라는 공공의 영역에서 일어나는 개인적인 해석과 감상은 문화 향유, 소비, 비판으로 이어지는 실천이 됩니다.

전시는 어떻게 박물관과 사회를 연결시킬까요?

박물관은 소장품을 공개하고 그 의미를 해석하여 내놓음으로써 사회와 소통합니다. 박물관의 전시는 이 역할에 가장 핵심적인 활동입니다. 박물관 전시는 박물관 시스템의 내부 구성원이 만든다는 점에서 시스템에 속합니다. 동시에 시스템 바깥의 영향도 받습니다. 도서관과 기록관과 같은 타 시스템으로부터 받는 영향일 수도 있고 전시를 찾아오는 관람객, 혹은 지역사회의 사람들과도 영향을 주고받습니다. 전시는 다양한 주제와 형식을 통해 사회적 대화를 촉진하며, 박물관 내부의 정책과 외부의 사회적 요구가 전시를 통해 연결됩니다. 박물관이 중요한 것들을 모아둔 물리적인 공간이라고 인식하는 만큼, 무엇이 우리에게 중요한지 의견을 나누는 시민들의 물리적인 공간이기도 하다는 사실을 알아주셨으면 합니다.

내 속을 시끄럽게 하는 박물관

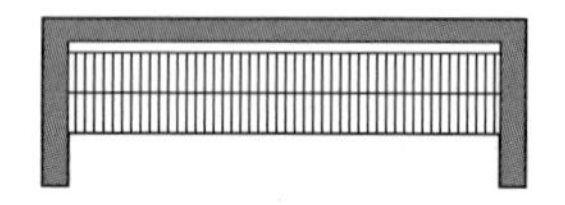

미대생, 박물관 인턴이 되다

대한민국역사박물관 상설 전시를 참 자주 봤습니다. 제가 처음으로 근무한 박물관이었기 때문이에요. 2016년, 박물관에 인턴으로 첫발을 들여놓게 됩니다. 박물관에서 일하게 되었다는 것이 기뻤습니다. 그렇지만 당시에 다른 사람들이 박물관을 좋아하냐는 질문에 흔쾌히 "네"라고 대답하기 어려웠답니다. 대신 질문의 방향을 살짝 바꿔서 박물관을 중요하게 생각하는지 묻는다면 그렇다고 할 수 있어요. 중요하지만 그렇게 흥미롭지 않았던 전시를 자꾸만 바라볼 수밖에 없었던 인턴이 바로 저였고요. 미대를 졸업하고 근현대사를 알려주는 위치에 서게 된 것도 저였어요. 전 인턴이라서 누구도 책임감을 제 어깨에 올리지 않았지만, 근현대사라고는 아무 것도 모르는 내가 여기 있어도 되는 건지 초조했어요. 역사를 좋아하는 초등학생도 며칠 동안 깨작깨작 책 몇 권 읽은 저보다는 훨씬 역사적 지식이 뛰어날 텐데 말이에요. 향토사 학자를 자처하는 어르신도 많은데, 솔직히 그들이 저보다 유창하게 설명할 테니까요. 나는 어떻게 박물관에서 교육 업무를 할 수 있을지 고민하게 만든 중요한 시작점이었어요.

첨예한 근현대사를 말하기

특히나 근현대사는 참 다루기 어려운 역사이더라고요. 왜 이렇게 된 건지, 어떻게 이런 상황이 되었는지 묻는 질문에 사람마다 답변이 갈렸습니다. 학계는 물론이고 당사자들도 각자의 입장마다 서술의 방식과 묘사가 달랐습니다. 역사는 단일하지 않다는 점을 알았고, 박물관이 다루고 있는 역사가 많은 사람들의 삶과 맞닿아 있다는 점도 확인했습니다. 게다가 근무하다 보면 박물관과 관련한 속 시끄러운 이야기가 들립니다. 어느 정권에서는 어떤 역사 서술을 강조하고 또 제외하는지, 무엇을 어떻게 관람객에게 말해야 하는지도 변화하더라고요. 역사가 공인하는, 시대가 공감하는 인물과 사건의 서술은 무엇인가 싶어요. 그런 점에서 박물관은 제게 참 많은 의문을 던져주었습니다. 여전히 시작점에 발견했던 질문이 저를 쫓아오고 있어요. 틈이 날 때마다 답변을 찾아내고는 있는데 숨이 차는 느낌입니다.

쉽게 찾아온 혼란들

미대를 졸업하고 근현대사 박물관에서 교육하는 사람은 전문성을 어떻게 만들어갈 수 있을까? 박물관이 덕후를 자처하는 특정인을 넘어 정말로 개개인에게 의미 있는 장소가 될 수 있을까? 나 역시 이 전시가 말하는 역사 속에 포함된 존재로 설명될 수 있을까? 활동지에 정답을 채우는 일이, 전시에서 구체적인 지식을 배우는 일이 어떻게 경험이 되고 감상이 되는 걸까? 도대체 전시를 제대로 감상한다는 것은 무엇일까? 전체를 다 모르는 상태에서 혼란을 나누는 일만으로도 충분히 경험했다고 느낄 수 있을까? 그렇다면 전체는 도대체 어떻게 설정할 수 있고 어떻게 생략과 강조를 객관적으로 할 수 있는 걸까?

혼돈 속에서 말문을 떼는 일

대한민국역사박물관에서 발견한 질문들은 여전히 저를 따끔하게 하고 자꾸만 끙끙 앓게 한다는 점에서, 속 시끄럽지만 관심을 떨쳐

내기가 어렵습니다. 그 수많은 질문 속에서도 내가 여기에 있어야 한다면 어떻게 말할 수 있을지를 고민하게 만든 곳이기도 하고요. 제가 조직을 떠나서 만든 첫 프로그램 '전시독후감'은 박물관 인턴이 끝나는 날 했던 발표의 제목이기도 해요. 누가 주지도 않았던 고민을 한가득 짊어지고 어깨가 무거웠던 인턴이 6개월간 품었던 질문 속에서 할 수 있던 대답입니다. 고민에 빠지면 답을 찾기는 어려워요. 그럼에도 그 혼돈 속에서 말문을 떼는 일은 계속 발견하고 갱신하는 개입의 여지를 함께 찾는 과정이라고 느슨하게 생각했죠. 그리고 그것을 어떻게 구체적으로 현실에 녹일 수 있을지 고민하는 데는 또 한참이 걸렸어요. '전시독후감'이라는 이름으로 소모임을 열고 사람들을 만난 건 2019년의 일입니다. 그리고 몇 년간 사람들을 만났어요. 질문에 대한 답변은 아직 끝나지 않았습니다. 심지어 어떤 질문은 늘어가고 있어요. 대신 이제는 길을 잃는 것은 혼란이 아니라 자연스러운 일이라는 걸 알고 있습니다. 계속해서 혼자서 답할 수는 없을 테니 적극적으로 타인과 만나 우리가 되는 일을 시도하고 있어요. 전시장에서 기다릴게요. 만나서 대화해요.

PART 2

박물관
전시를 보는
다양한 방법

삶을 예술적으로 조명하는 기술, 심미적 교육

박물관에서 하는 감상이란 무엇일까요? 저는 역사교육도 미술교육도 잘 알지는 못하지만, 다시 살펴보니 제가 하는 일이 심미적 교육이었더라고요. 심미적 교육(審美的 敎育, Aesthetic Education)은 예술의 숙련도를 높이는 교육이 아니라 삶을 예술적으로 조명하는 기술에 가깝다고 할 수 있습니다. 학부에서 미학, 미술사, 전시기획을 찍어 먹듯 공부하고 실무는 박물관에서 했기 때문에 이런 방향이 자연스러웠던 것 같습니다. 이 책 역시 구체적 사례는 박물관을 중심으로 작성했지만, 미술관에서도 사용될 수 있음을 염두하고 있습니다.

메타포, "마치 ~처럼" 생각하기

30년이 넘는 세월 동안 심미적 교육의 이론과 실제를 연구한 맥신 그린(Maxine Greene)은 『블루 기타 변주곡』에서 '메타포'를 활용하여 "마치 ~처럼" 생각하기를 강조합니다. 메타포를 통해 현실을 창조적이고 대안적으로 살필 수 있기 때문입니다. 이 책에서도 전시와 감상을 음식점, 책, 무대 등의 메타포를 사용해서 다양하게 표현합니다. 메타포 활용의 가장 큰 장점은 익숙한 경험을 떠올리는 중에 새로운 것들을 주도적으로 학습할 수 있다는 점입니다. 나에게 익숙한 개념에서 출발할 수 있기에 친숙한 느낌이 들고 비교적 편안하게 새로운 것들을 만날 수 있게 됩니다. 그래서 다른 영역으로 확장해서 적용하기 편해지죠.

전체를 구조화하고 세부사항을 주목하기

메타포는 익숙한 경험을 비추어 새로운 경험의 전체와 세부 사항 간의 관계를 설정할 수 있다는 점에서 유용합니다. 우리는 전체를 구조화하고 작품의 세부 사항을 살피는 과정을 거칠 때 '경험'했다고 느끼게 됩니다. 전체는 어디서부터 어디까지로 경계를 지을지 정하고 그 안에서 배경과 전경, 그리고 세부 사항을 살피고 관계를 설정하면서 감상에 도달하게 됩니다. 자신이 느끼는 것에서 무엇을 주목하고 또 어떻게 접근할 것인지 고려할 수 있습니다. 하나의 경험을 다양한 메타포로 설명하다 보면 다채롭게 경험을 재구성할 수 있습니다. 맥신 그린은 "메타포에 대응하는 능력은 저절로 주어지는 것이 아니라 우리가 계발해야 하는 것•"이라고 합

• 맥신 그린 저, 문승호 옮김, 『블루 기타 변주곡』, 커뮤니케이션북스, 2017, 208쪽

니다. 시작에 앞선 지금은 조금 막막할 수 있어요. 제가 드린 예시를 시작으로 전시와 감상을 적극적으로 나의 삶 안쪽으로 가져와 변형하고 적용하시길 추천해 드려요.

01

식사하듯 전시 보기

전시 경험에 대한 큰 그림

이번 장에서는 전시를 고르는 방법에 대한 이야기를 풀어보려고 합니다. 이 비유의 목적은 물리적인 것으로부터 정서적인 접근까지, 우리가 전시(특히 박물관 전시)를 어떻게 대하면 좋을지 알아봅니다. 전시와 관련한 큰 그림을 그리며 시야를 확장해 보고 구체적인 경험을 만들어가면 좋겠네요.

전시를 고르는 일은 기존 경험을 토대로 만들어집니다

전시에 대한 첫 번째 메타포는 '식사'입니다. 음식점(전시)

을 정하고 메뉴판(전시 서문)을 살피고 음식을 맛보고(작품 살피기) 맛 평가(감상 남기기)까지 나아갑니다. 매번 무엇을 골라야 하는지 어렵습니다. 그럴 때 시작은 보통 "오늘 먹고 싶은 거 있어?"입니다. "가까운 데 가서 먹자" 아니면 "지난번에 갔던 거기 어때?" 정도의 말을 주고받으면서 지금 상태에서 고를 수 있는 적당한 선택지를 살핍니다. 먹고 싶은 음식이 있는지, 얼마나 배가 고픈지, 식당의 거리는 어느 정도 되는지, 지금 허락된 예산의 범위는 어떤지 등을요. 지금 나의 상태를 기준으로 범주를 차례로 줄일 수도 있고요. 누군가의 추천을 받거나 광고를 보고 급히 결정을 내릴 때도 있습니다. 음식점을 고르는 것까지는 타인의 선택을 적극적으로 받아들일 수 있습니다. 전시를 고를 때도 그렇습니다. 나의 상태와 지금의 체력, 기분 등에 따라서 어디를 갈지 고려할 때도 있고 단순한 호기심이나 주변인의 추천을 덥석 수락할 수도 있습니다.

전시 공간의 유형 알아두기

식사의 경험은 백반집부터 파인다이닝까지 천차만별로 다릅니다. 예를 들어 동네 친구와 함께 갈 음식점을 고른다면 몇 개의 기준을 세워서 후보군을 만듭니다. 부담스럽지 않은 가격, 오랜 시간 떠들어도 눈치 보이지 않는 분위기 등이 기준이 될 수 있습니다. 이런 음식점에서는 직원에게 상세히 식재료와 조리법의 설명 듣기를 기대하지 않습니다. 필요하다면 직접 물을 가져오거나 반찬을 채우는 것을 이상하게 생각하지 않죠. 가보지 않은 음식점에 대해서 정확한 판단을 내릴 수 없지만, 그럼에도 상호명과 메뉴를 살피면 통상적으로 기대하는 바가 있습니다. 그 정보를 취합하여 음식점을 고르고 이용합니다. 그러니, 전시 공간을 구분하는 명칭을 익히는 건 전시를 선택하는 데 유용한 정보가 됩니다.

여유있는 태도가 좋은 관람을 만든다

식사 경험에는 '음식과 나'만 있는 것이 아닙니다. 좋은 식사 경험을 만드는 핵심은 그릇에 담긴 음식을 먹는 것이지만 이외에도 여러 요소가 필요합니다. 어떤 식당은 가기 전부터 많은 준비를 하기도 합니다. 위장을 비워두는 준비도 있고요. 섬세하게는 의상까지도 신경을 쓸 수 있습니다. 아무리 꼼꼼히 살피고 챙겨도 경험은 예상과 다를 때가 많습니다. 그러니 조금 더 넓은 마음으로 경험을 봐주셨으면 좋겠어요.

어느 날은 새로운 전시공간을 찾게 되어서 지도에 추가하는 것만으로, 어떤 날은 탁월한 안내가 즐거워서, 또 어떤 날은 도록이 마음에 들어서 만족스러울 수 있습니다. 전시 보는 과정 전체가 새로운 방식의 즐거움을 찾는 방향이었으면 합니다. 전시를 보고 다시 일상으로 오가는 경험의 시작부터 끝까지 그려봅시다. 좋은 경험을 만드는 일은 핵심 사항을 포함하여 총체적으로 완성됩니다. 전시를 보는 일에만 너무 집착할 필요는 없습니다. 약간은 느슨한 마음으로 전시장을 방문하면 좋겠네요.

우리의 식사 경험을 떠올려 봅시다

뭐 먹으러 갈까? 어떤 전시 볼까?

음식점(전시)을 정하고 메뉴판(전시 서문)을 살피고 음식을 맛보고(작품 살피기) 맛 평가(감상 남기기)까지 나아갑니다. 그리고 이것을 반복합니다. 일단 아는 것부터 모아 메뉴를 추려볼까요? 지도 어플로 갤러리, 미술관, 박물관, 복합문화공간을 검색해 봐도 좋습니다. 아니면 평소 가보고 싶었던 곳이나 자주 갔던 곳을 살피는 것도 좋고요. 정말 좋아하던 작가의 새로운 전시도 좋습니다. 체력, 시간, 예산, 동행자의 선호 등 현실성을 따져가면서 전시를 골라봅니다.

전시 서문이라는 메뉴판

전시장에 들어갔다면, 나에게 알맞은 방식으로 경험을 만들 수 있도록 자료를 수집합니다. 내가 얻을 수 있는 정보를 탈탈 털어봅시다. 어떤 식당에도 메뉴판은 기본입니다. 간판은 없어도 메뉴판은 있더라구요. 한 종류만 팔아도 가격은 알려야 하니까요. 전시 공간에서도 그게 어디든 제공되는 최소한의 정보가 있습니다. 전시 서문과 작품 제목, 제작 연도 등이 적힌 '캡션(caption)'입니다. 전시 서문과 캡션은 감상의 필수적인 재료입니다. 무작위로 다가오는 정보에 우선순위와 위계를 세울 수 있는 좋은 뼈대입니다. 정보가 쏟아진다면 이 두 가지의 정보를 중심으로 두고 재가공하면서 소화합니다.

더 친절한 안내 사항

주변 자원을 활용하는 것 역시 전시물을 읽는 데 도움이 됩니다. 박물관의 운영요소에는 공간과 시설(건물), 온라인 공간, 인력, 컬렉션, 관람객이 있습니다. 박물관에서 만나고 활용할 수 있는 자원은 전시물과 전시공간을 포함하여 전시공간 밖의 자료실, 물품보관소, 화장실과 같은 기초적인 시설부터 아트숍과 카페테리아까지 모두 '적절한' 경험을 만드는 데 사용될 수 있는 자원입니다. 전시를 어떻게 보고 해석할 것인지 전략을 세우는 과정입니다. 전시장 밖에서 접근할 수 있는 정보는 전시를 다 보고 보게 될 때도 있고 누군가는 건너 뛸 수도 있죠. 현장에서는 아트숍의 도록이나 오디오 가이드, 도슨트가 대중적인 더 친절한 안내입니다. 또한 박물관 직원들과 관람객 역시 나의 경험을 풍부하게 만드는 자원이 되기도 합니다. 질문과 대화를 통해서 말이죠. 다른 사람들이 남긴 리뷰를 찾아보거나 현장에 있는 스태프에게 추천과 설명을 부탁하는 것도 방법입니다. 기관이 가지고 있는 홈페이지나 SNS 등의 온라인 공간 역시 활용할 수 있는 자원이 됩니다. 공식 블로그와 유튜브에 정리된 자료가 있을 때도 있고요. 개인적으로는 홈페이지에 있는 보도 자료를 살피기 좋아합니다. 특히 정보를 찾기 어려운 외국 작가 작업의 경우, 정갈한 번역과 이미지까지 첨부되어 있어 한눈에 전시의 정보를 파악하기 좋습니다.

완급 조절은 필수

숟가락을 놓을 때를 알아야 합니다. 과식은 금물. 기분 산뜻하게 배 두드리기를 원한다면 적정선을 지켜야겠지요? '찍먹'도 전략입니다. 위장의 사정이든, 주머니 사정이든, 시간의 제한이든 고루 판단해서 식사를 하는 겁니다. 우리가 소화 가능한 양이 무제한은 아니니까요. 내가 고른 음식점이 파인다이닝이라면 정보 탐색부터 완급 조절까지 모든 것이 스태프의 몫이 됩니다. 꼭 스태프의 안내가 아니더라도 맛있는 걸 잘 아는 친구의 거침없는 안내 역시 너무 좋죠. 별 수 없을 때는 직접 해야 합니다. 전시장의 모든 작품을 하나하나 전부 보기는 어렵습니다. 감상을 위해서는 나를 사로잡는 작품 앞에 서서 하나를 깊숙하게 살펴봐야 합니다. 주마간산(走馬看山)으로 스친 여러 개의 전시보다 깊게 감상을 남긴 단 하나의 작품이 있었던 전시가 기억에 훨씬 오래 남을 테니까요. 전시를 전부 보지 못해 아쉬운 것 같아도 다음을 기약해 봅시다.

리뷰 남기기

음식도 그렇고 전시도 그렇고 딱 그때, 그 장소에서 제철 누리고 사는 일은 삶을 풍부하게 합니다. 부지런하게 움직일 때만 얻을 수 있는 즐거움입니다. 모든 순간들을 빼곡하게 기록할 수는 없어도 적어도 내가 매운맛을 좋아하는지, 노포의 분위기를 좋아하는지 정도는 기억해 두어야 합니다. 세상이 인정하는 유명한 음식을 먹는 재미는 타인의 추천으로 가능하지만, 딱 내가 좋아하는 건 나밖에 모르거든요. 그러니까 내가 누리고 느낀 것들에 대해서는 다음 경험을 더욱 풍부하게 만들기 위해서라도 꼭 기록해 보셨으면 좋겠습니다.

시장이 반찬이고, 호기심이 즐거움

유명하다는 전시에서 실망하셨나요? 남들은 좋다고 하는데 나는 별로인가요? 그렇다면 아직 배가 고프지 않은 상태일지도 몰라요. 어떤 맛있는 음식도 배가 부르면 무슨 소용이 있겠어요. 전시를 허기진 상태에서 본다는 건 어떤 것일까요? 머리가 복잡하거나, 관계에 지쳐 있거나, 새로운 아이디어를 떠올려야 할 때가 딱 그런 타이밍입니다. 평소에 하던 고민에 대한 실마리를 이곳에서 찾을 수 있을지도 모른다는 나만의 목적을 준비해 봅시다. 그렇다면 전시를 볼 허기짐이 잘 준비되었다고 할 수 있습니다. 꼭 일생일대, 절체절

명의 이유가 아니더라도 최소한 나의 감상을 SNS에 올릴 각오라도 해보면 그냥 보는 것과는 다르게 다가옵니다.

그리고 반복

전시를 보는 과정을 식사 경험에 빗대어 그려보았습니다. 이 내용을 토대로, 각자의 입맛과 상황에 맞춰서 수정 적용해 보시고 변주하며 반복하시면 좋겠어요. 전시 경험을 아우르면서 무엇을 선택하고 집중할지 조절해 봅니다. 그리고 이를 반복하면서 전시 공간으로 접근하는 나만의 경로를 구체화합니다. 많은 사람들이 자신만의 경로로 배움을 누적할 수 있으면 좋겠다고 생각했습니다. 이 길은 몸을 움직여 전시장으로 도착하는 '물리적 경로'이자, 지식 탐구의 경로나 정서적 친밀성 같은 '개념적인 경로'와도 연결되어 있습니다. 전시를 보면서 궁극적인 하나의 깨달음을 얻지 않아도 됩니다. 복잡한 경로를 가로질러서 결국은 언제나 지금의 나로 돌아옵니다. 그러니, 길을 잃을까 두려워하지 않았으면 좋겠습니다. 이 여정의 시작과 끝, 그리고 반복에는 당신이 있습니다.

02

책 읽듯 전시 보기

전시도 책처럼 함께 보고 대화할 수 있을까?

전시 감상 모임을 권합니다

독서모임 해보신 적 있나요? 혼자서 책을 보는 것과 다른 사람들과 함께 이야기를 하는 경험은 또 다른 영역입니다. 혼자 책을 읽을 때보다 완독할 비율이 높기도 하고요. 읽는 데 급급했던 세부사항도 대화하면서 확인할 수 있습니다. 또 책이 어떻게 현실에 적용되고 사람들에게 이해되는지도 확인할 수 있습니다. 콘텐츠를 보고 함께 이야기하는 일에는 장점이 참 많습니다. 그럼 전시모임도 해보신 적 있나요? 안해보셨다면 시도해 보시기를 권합니다. 그런데 전시를 보고 이야기 나누는 건 어색한 일입니다. 전시장에서 소리를 내어 말을 하는 사람은 보통 도슨트, 큐레이터, 작가처럼 일종의 권위를 부여받은 사람들입니다. 이들이 설명을 하고 있으면 그 뒤로 사람들이 모여 있는 모습을 자주 봤습니다. 그런데, 이런 상황에서 전시에 대해서 편안하게 대화할 수 있을까요? 저는 그러기 어려웠어요. 반면 독서모임을 이끄는 사람은 저자나 편집자, 출판사 대표가 아닙니다. 독서모임을 이끌기 위해서는 어떤 직책이나 권위를 요구받지 않습니다. 책을 읽고 타인의 이야기를 듣겠다는 준비가 되어 있는 사람이라면 누구나 독서모임을 이끌 수 있습니다. 함께하는 사람들 역시 직접 대화에 참여하는 일이 어색하지 않습니다. 그래서 제가 제안하는 전시모임의 방법은 독서모임과 유사합니다. 책을 읽고 생각을 정리하고 대화를 하는 것처럼 전시를 관찰하고 요약하고 밑줄 긋고 그 생각을 다른 사람들과 공유하는 과정을 밟아보는 겁니다.

전시가 익숙하지 않다면

우리가 평소에 살펴보는 전시장의 광경은 아마 이럴 거예요. 물건들이 고요하게 정렬되어 있고 조명이 비춰지는 유리장 안에는 전시물이 있어요. 관람객은 유리장 안의 전시물과 캡션을 천천히 살피며 동선을 만들어 갑니다. 처음에는 집중력이 좋아서 거의 모든 글씨를 섭렵하지만 이내 힘들어지면 전시실은 그저 하나의 풍경이 되고는 합니다. 왜 이렇게 피곤한가 싶을 거예요. 저도 그랬습니다. 전시 관람은 아무래도 피곤한 일이 맞아요. 전시를 경험하는 건 눈을 굴리는 일이 아니라 몸을 움직이고 적극적으로 탐색해야 하는 과정이니까요. 아무리 전시를 꼼꼼히 보는 사람도 3시간 이상 관람을 이어가기는 어렵습니다. 그리고 오랫동안 전시를 봐도 정말 제대로 봤는지 잘 모르겠다는 생각이 듭니다. 하지만 감상을 타인과 나눈다면 어떨까요? 이야기를 주고받기 위해서라도 전시를 더 자세히 보고 견해를 정리하게 됩니다. 그래서 전시를 함께 보고 이야기하는 건 완결된 감상을 만드는 데에 큰 도움이 됩니다.

전시 안에서 전시물 읽기 연습

전시를 읽는다는 건 뭘까요? 막막한 감상을 선명하게 만들기 위해서는 전시를 뜯어봐야 합니다. 전시를 보는 일에는 생각보다 요령이 필요합니다. 무엇보다 단순 '관람'이 아닌 '감상'까지 이어지기 위해서는 소화하는 시간도 있어야 합니다. 그렇지만 생각보다 충분한 시간을 갖고 생각을 정리하는 일은 꽤나 어렵죠. 저도 자주 "전시실을 천천히 둘러보세요"라고 말하긴 하는데, 적당히 시간을 쪼개서 효율적으로 전시를 본다는 건 참 어렵습니다. 그래서 이 책을 통해 친절한 설명보다는 도구와 절차를 공유하고 싶었어요. 스스로 해보고 싶은 사람들을 위해서요. 우리 눈앞에 있는 전시를 함께 분석할 수 있는 기준, 질문, 시간을 공유합니다. 제가 제안한 절차에 따라 전시를 읽고 나누는 일은 예상보다 재밌고 새로울 거라고 확신해요. 전시를 통해 전시물을 읽는 일은 함께하면 좋지만 혼자 할 수도 있습니다. 심지어는 제가 없어도 스스로 진행할 수 있습니다. 한 번 요령을 잘 터득해 두면 앞으로 전시를 바라보는 관점 자체가 달라질 수 있을 거예요.

전시 정보 구조화하기

책과 전시의 공통점 중 하나는 둘 다 내용과 형식을 갖춘 편집물이라는 것입니다. 같은 주제라도 출판사의 성향이나 저자에 따라서 책의 구성, 내용, 메시지가 달라집니다. 전시 역시 이와 비슷한 점이 있습니다. 어떤 책이든 주변에 있는 책을 펼쳐봐 주세요. 혹은 이 책의 앞뒤를 살펴도 좋습니다. 책에 목차가 있다는 사실은 우리에게 익숙합니다. 하지만 전시에도 목차가 있다는 사실 알고 계신가요? 전시에는 전시물이 그냥 덩그러니 놓이는 것이 아닙니다. 기획자는 목차에 따라 흐름을 구성하고, 본문 안에 들어갈 단어를 고르고 조사를 이어 문장으로 만들듯이 공간을 연출합니다. 전시 안에서 전시물은 단순히 물체가 아닙니다. 의미를 갖고 있는 하나의 상징물입니다. 전시를 만드는 사람들은 의도를 갖고 전시물을 배치하고 설명합니다. 그러니 관람하는 사람들도 그 의도를 파악해 보면 좋습니다. 전시를 만드는 사람들은 관람하는 사람들이 모르던 것을 알게 하고 싶은 마음이 크거든요. 그 마음을 섬세하게 읽어봅시다.

전시물을 의미 단위로 묶어보기

전시가 익숙한 분들은 이런 차이를 이미 알고 계시는 경우도 많고요. 하지만 이런 방식이 익숙해지기 전까지 분명 시간이 필요합니다. 우리 눈앞에 물건들이 펼쳐져 있다고 상상해 보세요. 스테이플러, 파일철, 노트북, 커피잔, 연필, 핸드폰… 하나씩 살피고 계셨나요? 이렇게 개별의 물건을 세세히 관찰하는 것은 시간도 에너지도 많이 드는 일입니다. 전시장에서는 물건이 이렇게 진열되어 있지 않습니다. 한 발짝 뒤로 물러서면 분명 이 물건들을 분류하는 이름이 있습니다. 더 친절한 전시 기획자들은 이 물건의 배경에 대한 이미지를 배치해 두었을지도 모릅니다. 이 물건들이 책상 위에 있다고 생각한다면? 이 책상이 사무실에, 카페에, 집 안에 있다면? 장소에 따라 물건의 모습이 다르게 연상될 겁니다. 사무실 책상이라면 어떤 사람의 모습이 떠오르나요? 일이 바쁘구나 혹은 정리를 안하는구나 싶을 것 같아요. 카페 테이블 위에 이 물건들이 있다면 어떤 이유에서일까요? 출장을 왔나 혹은 프리랜서인가 그것도 아니면 면접이라도 보러왔나 싶을 거예요. 물건들이 집 안 책상 위에 있었다면요? 재택근무자 혹은 프리랜서라서 집에서 일을 하기 위한 공간이겠구나 싶을 겁니다. 이 정보들은 연필만, 핸드폰만, 커피잔만 있을 때는 만들어지지 않습니다. 공간 안에 함께 배치될 때 의미를 만들어냅니다.

이렇게 의미 단위로 물건을 묶어서 보고 물건이 놓인 맥락에 따라 의미를 해석하면 정보를 받아들이는 시간은 줄어들고 정보의 양은 많아집니다. 전시가 익숙하지 않은 사람은 전시물을 각각 개별적으로 살펴봅니다. 반면 전시가 익숙한 사람은 전시물을 의미 단위로 묶어서 인지합니다. 전시는 이미 기획자에 의해 한 번 정리된 정보이니까 일단 이렇게 읽어보는 거예요.

논리적 전개, 라벨링 시스템

박물관의 형태에 담긴 미션과 비전으로 시작하여, 전시실의 주제, 구획별 주제, 전시물로 이어지는 논리적 전개를 살피는 형태를 따라가 봅시다. 전시를 만드는 이러한 논리적인 체계 방식은 '라벨링 시스템'이라고도 합니다. 기획자의 성향에 따라, 혹은 전시의 특성에 따라 뚜렷하게 나타날 때도 있고 거의 찾아보기 힘들 때도 있어요. 하지만 대부분의 전시에서 적용되고 있는 모습을 볼 수 있습니다.

정리된 표를 한 번 볼까요? 평소 우리의 시선이 6번째 단계인 특정한 전시물(아이템)에 머물고 있었다면 이번에는 시야를 넓혀봅시다. 이제는 아래에서 위로 논리적인 전개를 찾아갈 수 있습니다. 가장 위쪽에 해당하는 1번에 '박물관의 형태'가 적혀 있습니다. 박물관의 형태가 전시의 논리적 전개

구분/단계	1	2	3	4	5	6
논리적 전개	박물관 형태	전시실 주제	구획별 주제	소구획 전시	그룹	아이템
예시	순수 응용미술	유리	유럽	18세기	음료수 잔	빈 손잡이 잔

출처: 마이클 벨처 저, 신자은 옮김, 『박물관 전시의 기획과 디자인』, 예경, 2006, 233쪽

방식에 영향을 미친다는 겁니다. 앞쪽에서 전시 관람을 음식점 방문에 비유하며 전시 공간의 유형에 대해 설명했습니다. 어떤 주제와 전시물이 있는지에 대한 생각은 하지만 그것만큼 어떤 운영주체가 무엇을 목적으로 만든 전시인지도 중요해요. 박물관의 형태는 주제의 선택부터 전시물에 대한 해석까지 영향을 미칩니다. 그래서 무엇을, 어떻게, 누가 이야기하는지 살펴보면서 전시를 보는 거예요. 이렇게 전시의 목차라고 할 수 있는 각 전시의 구성들은 전시 공간의 특성을 포함하여 기획자의 사고 경로를 잘 보여줍니다. 박물관의 형태부터 고민하기 어렵다면 전시 제목을 다시 생각해 봅니다. 전시의 제목과 작품의 제목을 나란히 두고 어떻게 이어볼 수 있을지 고민해봅시다.

기획자의 편에 서서 전시의 표현 살펴보기

라벨링 시스템이 전시의 논리적인 구조를 이해하는 데 도움을 준다면, 기획자의 입장에서 전시 공간을 살펴보면 감상이 더욱 풍부해집니다. 전시를 만드는 사람들은 해당 기관이 갖고 있는 **비전**과 **미션** 그리고 **소장품**을 토대로 어떤 전시를 할지 고민합니다. 이후에는 구체적으로 어떤 **주제**를 갖고 전시를 할지 정합니다. 주요 전시물과 전시의 전체적인 메시지를 정돈합니다. 그리고 이 메시지를 공간 안에 어떤 방식으로 전달할지 고심합니다. 전시의 **시나리오**를 살핀다고 생각하시면 좋습니다. 어떤 구획에서 어떻게 내용을 전달할 것인지 큰 틀로 분할했다면, 다음은 각각의 영역에 어떤 **소장품**을 배치하고 관련한 자료를 어떻게 관계시킬 것인지 **연출**합니다. 벽면 색상, 바닥의 구조물, 영상, 조명, 긴 안내문 등 세부적인 사항을 결정합니다. 그리고 관람자는 이렇게 기획된 순서의 반대로 전시를 관람합니다. 기획자가 전시를 만드는 과정과 관람자의 의미해석 과정은 역순으로 이루어진다고 할 수 있죠.

전시에 필요한 개념이 실제 공간 안에서 효과적으로 전달될 수 있는지는 공간 연출에 따라 큰 격차를 보입니다. 동선에 따른 바닥과 벽면의 색상, 전시물을 상세히 설명할 글, 영상, 사진, 그림과 같은 보조 매체, 전시물의 배치 순서와 밀도 등 다양한 요소가 분위기를 강화하면서 감상을 돕습니다. 예를 들면 관람 동선의 어디쯤에 무엇을 배치하는지, 또 어떻게 조명을 비추는지, 해당 전시물이 차지하고 있는 공간은 얼만큼인지, 어디에 의자를 배치했고 바닥면의 높낮이를 조정했는지를 살펴봅니다. 전시 공간을 천천히 곱씹고 뜯어 보다 보면 기획자가 의도한 만큼 읽어낼 수도 있고 예상치 못한 방향으로 읽게 될지도 모릅니다. 그 시간을 보내고 나면 전시는 분명한 문장, 이미지, 기억, 감각으로 머릿속에 남길 수 있을 겁니다. 이때인 것 같아요. 사물이 말을 걸어오는 순간이요.

관람자 입장에서는 매번 말끔하게 단장한 모습의 전시를 만나지만, 전시가 만들어지는 과정은 참 지난합니다. 전시라는 것이 대단하고 신비해 보일지 몰라도, 전시 역시 사람이 하는 일입니다. 먼지가 풀풀 나고 땀 흘리고 머리가 지끈거리는 고민을 거쳐 전시는 우리에게 옵니다. 정돈되어 있는 공간이 주는 신비감이 즐거움보다는 무거움으로 다가올 때, 숨을 한 번 내쉬고 전시 이면의 사람들의 흔적을 살펴봅니다. 누군가의 메모지에 적혀 있던 작은 아이디어가 이곳에 오기까지의 여정을 생각해 봅니다. 고장 난 터치스크린도, 깜박거리는 조명도, 갑자기 제한된 전시 영역도 사정이 있겠거니 합니다. 전시를 만드는 사람들을 떠올리며 생각의 폭을 넓히고 대화의 역동을 만들어 봅시다.

03

무대 보듯 전시 보기

관람객들이 박물관이라는 환경에서 관람이라는 '공연'을 하고, 또 그 공연을 보여 줄 수 있는 '무대'임을 강조하고자 한다. 특히, 이 '공연'이 공적이고 권위적인 장소인 박물관에서 일어난다는 사실은, 박물관이 가진 물리적인 한계를 넘어 이 공연이 어떻게 세상에 전해지고 받아들여지는지, 또 사람들에게 어떻게 보여지는지에 중요한 영향을 미칠 것이다.

– 리처드 샌델 저, 고현수·박정언 옮김, 『편견과 싸우는 박물관』, 연암서가, 2020

전시라는 무대 위에서 감상자라는 배우 되기

자신의 말과 글로 전시장을 채워봅니다

전시에 대한 마지막 비유는 무대입니다. 전시장은 무대가 되고, 전시물은 소품이 됩니다. 배우는 감상자입니다. 이 연극의 시작은 독백입니다. 배우는 무대 위 소품들 사이를 지나며 자신의 이야기를 엮어나갑니다. 관람객은 점점 늘어나고, 관람객인 배우들 사이에 대사가 오가기도 합니다. 공연장 밖에서도 대화를 통해 이야기는 뻗어나갑니다. 전시장 안에서 나온 이야기는 전시장 바깥의 전시를 보지 않았던 사람들에게도 가닿습니다. 이 무대에서 가장 중요한 것은 배우입니다. 무대 장치와 기술, 소품이 아무리 뛰어나다고 해도 이들 사이를 오가며 목소리를 낼 배우가 없다면, 이야기는 시작되지 않습니다. 전시라는 무대의 이야기는 감상자인 배우에게서 재생됩니다.

나는 이 무대에서 어떤 말을 할 수 있을까

무대를 돌아보며 무대 장치며 소품들을 확인했지만 어떤 이야기에서 내가 무슨 역할인지, 어떤 대사를 해야 하는지 모르겠다 싶을 수 있어요. 앞서 말했듯, 감상을 위해서는 전시 만큼 나를 주목해야 합니다. 전시만 꿰뚫어 본다고 해서 감상을 잘할 수는 없어요. 스스로를 잘 이해하는 사람이 좋은 감상을 할 수 있습니다. 스스로를 보는 나만의 관점이 뚜렷하면 전시를 소화해 내는 데에 많은 시간을 쓰지 않아도 됩니다. 이 말이 마치 '너 자신을 알라'처럼 대단한 말 같아 보일 수 있지만, 겁내지 마세요. 나에 대한 이해 역시 연습을 통해 배우고 익힐 수 있습니다.

단편적인 씬(scene)을 이어 붙여서 맥락이 있는 장면을 만들어봅시다. 처음에는 나라는 배역이 갖고 있는 단섬반 눈에 들어올 수 있어요. 그럼에도 이 인물이 살아온 과정에서 미워할 수만은 없는 요소들을 찾아내 봅니다. 나로 살아왔던 일은 너무 익숙하기도 하고 지겹기도 해서 삶의 배경, 소품, 주변 인물을 당연하다고 생각할 수도 있지만 우리는 계속 변화합니다. 스스로 나라는 인물에 대한 설명을 하다 보면, 나의 과거가 새롭게 쓰여집니다. 용기를 내서 내 삶의 장면과 전시의 장면을 포개어보세요. 나의 미래로 가져갈 장면과 이야기를 만들어봅시다.

전시물이라는 소품, 소셜 오브젝트

이제 전시장에 있는 사물이 하는 일은 사람들의 말문을 여는 일입니다. 사물은 문이 되어 감상자로부터 말을 쏟아지게 만듭니다. 예술적·역사적 중요성을 떠나 사회적 연결을 만드는 사물을 소셜 오브젝트(Social object)• 라고 부릅니다. 제가 만든 용어는 아니고 『참여적 박물관』(연암서가, 2015)의 저자이자 박물관 비전가로 불리는 니나 사이먼(Nina Simon)이 제시한 개념입니다. 등록 과정을 통해 문서라는 독특한

• 니나 사이먼 저, 이홍관·안대웅 옮김, 『참여적 박물관』, 연암서가, 2015, 196쪽

지위를 가진 소장품은 전시라는 맥락 안에서 상징과 의미를 갖춘 전시물이 됩니다. 관람객과 마주한 전시물은 복잡한 현실의 생태계에서 사회적 물건, 소셜 오브젝트가 됩니다. 사람들을 이끄는 무언가에는 분명 힘이 있습니다. 박물관의 유물뿐만 아니라 예술 작품도 그렇습니다. "'미술'은 근대-지난 200년간-발명품이다"• 라는 말, 들어보셨나요? 일상의 사물들은 박물관이라는 곳에서 새로운 지위를 얻고 미술품이 됩니다. 심지어 미술은 물건들의 역사와 계보를 만들어내며 현실과 구별 짓는 미술계를 형성하기도 했습니다. 필요에 의해 미술을 발명해 냈다면, 내 눈앞에 있는 물건 또한 필요에 의해 새로운 이름과 기능을 만들어낼 수 있습니다. 지금 나는 이 물건을 어떻게 사용할 수 있을까요? 이 사물들을 어떻게 대화 안에 넣을 수 있을까요?

소품 활용법, 만능 질문 VTS

이 작품에서 무슨 일이 일어나고 있나요?

무엇을 보고 그렇게 말했나요?

또 무엇을 더 찾을 수 있나요?

시각적 사고 전략 VTS(Visual Thinking Strategies)는 1980년대에 미국의 인지심리학자인 아비가일 하우센(Abigail Housen)과 뉴욕현대미술관의 교육 감독인 필립 예나윈(Philip Yenawine)에 의해 개발된 학습 방법입니다. 작품을 앞에 두고 질문하며 시각적 문해력, 사고력, 언어능력, 다양한 사회적 기술을 습득할 수 있다고 평가받고 있습니다. 이 세 질문을 발견하고 얼마나 쾌재를 불렀는지 모릅니다. 10년 이상 전시장에서 실제로 사용되었기 때문에, 전시장 공간 안에서 적용하기에 적합합니다. 이 질문들은 전시 공간에서 얻은 지식을 얼마나 이해하고 있는지를 확인하지 않습니다. 적용범위가 정말 무궁무진한 질문이거든요. 단 세 가지 간단한 질문을 반복해서 사용하면 됩니다. 전시 감상을 깊이 있게 하고 싶은 사람들의 주문이라고 생각하고 외워 두시는 것도 좋을 것 같습니다.

대사 주고받는 요령 세 가지[••]

위 세 질문에 답을 하는 요령도 있습니다. 가리키기, 바꾸

• 메리 앤 스타니스제프스키 저, 박이소 옮김, 『이것은 미술이 아니다』, 현실문화연구, 2018, 28쪽

•• 필립 예나윈 저, 손지현·배진희·신지혜·정현정 옮김, 『이미지로 키우는 사고력 VTS』, 미술문화, 2019, 49~52쪽

어 말하기, 연결하기 입니다.

① **가리키기(pointing):** 상대방이 설명했던 작품의 부분을 가리키며 대답합니다. 경청하고 있음을 알릴 수 있고 함께 대화를 듣는 사람들의 이해도 도울 수 있습니다. 결과적으로 모두가 더 많은 것을 발견할 수 있습니다.

② **바꾸어 말하기(paraphrasing):** 상대말의 말을 지적하거나 정정하지 않고 더 풍부한 어휘, 정교한 문법, 정확한 언어로 바꾸어 말하는 방법입니다. 경청과 이해를 기반으로 상대를 존중한다는 것을 보여주는 행위입니다. 상대방은 잘 정리된 문장을 들으면서 스스로 더 똑똑해졌다고 느끼면서 표현 방식을 학습할 수 있습니다.

③ **연결하기(linking):** 사람들의 의견을 연결하여 상호작용을 만들어냅니다. 여러 사람의 의견을 연결하여 합의를 만들어낼 때도 있고, 의견이 수렴되지 않는다면 다양한 의견을 확인할 수도 있습니다. 혹은 한 사람의 의견이 대화를 통해 어떻게 변화했는지를 확인하면서 서로의 영향력을 알 수 있습니다.

VTS를 작품에 적용하기

투호아집도

전시 위치: 서울역사박물관 > 상설전시 > 조선시대의 서울 > 도심 속 명승지, 서촌 > 투호아집도

| 투호아집도 投壺雅集圖 Gathering of Literati Enjoying Pitch-pot |
김두열 | 1770년대 | 두루마리 31.5x519.7, 주지 24.0x277.4 | 서55854

도심 속 명승지, 서촌

서촌은 도성 안 서북쪽 지역, 즉 백악산과 인왕산을 배경으로 하는 경복궁 서쪽 지역을 말합니다. 백악산과 인왕산이 이어지는 산자락과 백운동천, 옥류동천 두 물길을 따라 전개되는 산세는 도선 내 최고의 명승지로 손꼽혔죠. 이 지역은 조선초기부터 왕족과 권력층의 세거지였으며, 육조거리와 가까워 서리, 녹사 등 하급 관리인 아전들이 많이 살았다고 합니다. 창의문 부근의 청풍계와 백운동, 인왕산 기슭의 세심대와 필운대는 봄철 꽃구경 명소였어요.

〈투호아집도〉는 18세기 후반의 어느 가을 날, 한양 서쪽 자락에 젊은 문인 7명이 모여 술을 마시며 시를 짓고 투호를 즐기며 친목을 다진 장면을 그린 기록화입니다. 그림을 그린 예원 김두열(1735~1781)은 영조 때 시서화에 뛰어난 화가였는데요. 늦도록 모임에 남아 있던 6명이 각각 두 편씩 지은 시와 일찍 귀가했던 1명의 시를 받아 첨부한 뒤, 김두열의 집안 삼촌인 김상숙의 발문을 함께 싣고 모임을 기념하였습니다.•

• 서울역사박물관 엮음, 『상설전시도록-서울, 장소·사람·기억을 담다』, 2022, 56~57쪽

오감과 감정을 함께 이야기해주세요

질문에 답변할 때는 바로 느껴지는 감각부터 말하면 시작하기 수월합니다. 특히 전시물에 인물이 표현되어 있다면 인물에 이입해 인물이 느끼고 있는 감정과 감각을 추론해 보면 할 이야기가 많아집니다. 화면에서 느껴지는 향기, 온도, 습도, 소리 그리고 상황을 설정해 봅니다. 그리고 여기에 감상하고 있는 자신의 모습과 상황을 겹쳐보세요. 눈앞의 무언가에 내 삶의 어떤 부분을 떼어서 붙여놓고 설명할 수 있다면 감상은 전보다 깊어질 겁니다.

인물보다 세심하게 그려진 풍경에 주목한 A

작품에서 무슨 일이 일어나고 있나요? 한가로운 풍경 앞에 모여 있는 사람들의 모습이 보여요.

무엇을 보고 그렇게 말했나요? 인물에 비해 풍경이 더 묘사가 잘 되어 있어요. 화면 중앙에 갈대처럼 보이는 식물은 풍경의 계절감과 정취를 더해주는데, 그에 비해 인물들은 선으로만 그려져 있고 표정을 읽을 수 없어요.

또 무엇을 더 찾을 수 있나요? 눈이 시원해지는 풍경 앞에서 즐거운 시간을 보내는 마음이 느껴집니다. 몇 해 전 가족들과 함께 방문했던 순천만을 떠올리게 해요. 좋은 사람들과 좋은 시간을 보내고 기억하고 싶은 건 역시 시대를 관통하는 정서네요.

다양한 활동을 하는 인물들을 주목한 B

작품에서 무슨 일이 일어나고 있나요? 사람들이 모여서 다양한 활동을 하며 놀고 있어요.

무엇을 보고 그렇게 말했나요? 이 두루마리 자체도 글과 그림이 함께 적혀 있어요. 그림 가운데 있는 종이와 붓으로 만들어진 그림 같네요. 화면 중앙 쪽 아래에서 투호놀이를 하면서 몸을 움직이는 것도 보여요.

또 무엇을 더 찾을 수 있나요? 엄청나게 가로로 긴 두루마리가 보여요. 6명 모두가 쓴 글과 먼저 간 사람, 모임에 참여하지 않았던 김두열의 삼촌이 남긴 글은 무엇일지 정말 궁금해요. SNS에 댓글을 잔뜩 달면서 추억을 기록하는 지금 사람들의 모습이 겹쳐지기도 합니다. 저도 주제가 있는 모임을 만들어서 기록하는 일을 좋아하거든요.

각본의 밖을 상상하기

각본 밖의 애드리브

기획자는 무대를 준비하고 나름의 시나리오를 머리 속에 넣어두었을 겁니다. 배우는 연출된 무대를 가능한 최대한으로 잘 사용하려고 노력합니다. 어쩌면 다른 방식으로 연출을 요구할 수도 있습니다. 혹은 예상 밖의 대사를 하게 될 수도 있어요. 마치 애드리브를 구사하는 노련한 배우처럼요. 다양한 사람들과 협의하면서 최종적인 결과물을 만드는 건 어렵지만 좋은 일하기 방식이죠.

무대 위 비 전형적 주인공

『눈이 보이지 않는 친구와 예술을 보러가다』(다다서재, 2023)의 주인공 시라토리 겐지 씨는 태어날 때부터 눈으로 사물을 구별할 수 없을 정도로 시각 자극을 느끼기 어려운 사람입니다. 그런데 미술관에서 전시를 봅니다. 심지어 직접 사람들을 이끌고 다니며 작품을 감상하는 프로그램을 꾸리기도 합니다. 혼자서는 관람이 어렵지만, 전시 공간의 스태프 혹은 지인들과 함께 작품 앞에 서서 대화를 나눕니다. 처음에는 사람들이 전시물이 어떻게 생겼는지를 묘사하도록 하고, 또 눈에 띄는 것들을 부연 설명해 주는 것을 듣다가 궁금한 것이 있으면 질문하기도 합니다. 관람을 함께하는 사람들은 단순히 시라토리 씨를 돕기만 하는 것은 아닙니다. 그랬다면 이 책은 쓰이지 않았을 겁니다. 시라토리 씨는 사람들이 감상을 이야기하게 만드는 귀재입니다. 그의 옆에 있으면 작품에 대해서 이야기할 수밖에 없습니다. 대화의 방식이 VTS기법과 유사하게 진행되기도 합니다. 무엇보다 이 책을 읽다 보면 전시 감상에 대한 생각이 바뀝니다. 전시장에서 나누는 대화의 목적을 재설정하게 됩니다. 대화를 통해 우리가 얻게 되는 것은 '작품 속 숨겨져 있는 이야기'나 '전문가만 알고 있는 이야기'가 아니라, '전시를 감상한 사람들의 작품을 둘러싼 이야기'입니다.

황야로 스윙하기

이 책에 재미있는 비유가 있습니다. 바로 '황야'와 '스윙'인데요. '황야'는 자신의 안전지대를 벗어나 도달하는 곳을 말합니다. 각자의 삶의 모양이 다르기 때문에 각자의 황야는 다른 모양을 지니고 있습니다. 시라토리 씨에게 전시를 보러 가는 일이 황야의 영역으로 발을 내딛는 일이라고 할 수 있습니다. 그렇지만 점차 황야가 편안해지고 그곳에 있는 일이 자연스러워진다면 그곳은 더 이상 황야가 아니라 좋은 장소로 바뀔 수 있습니다. 그리고 황야로 나아가는 이를 지지하며 개개인이 하는 허용과 존중을 '스윙'이라고 부릅니다. 스윙은 서로를 침범하며 황야와 안전지대 사이에 균열을 만들고, 우리가 규범과 상식이라고 부르는 내면의 허용 범위를 넓히는 일이기도 합니다. 이 스윙은 시라토리 씨와 관람을 함께했던 수많은 사람들이 했던 일이기도 합니다. 저는 전시를 보고 타인과 대화하는 과정이 바로 이 '황야로 스윙하는' 일이라고 생각해요. 사람들은 전시물 앞에서 대화하면서 서로의 차이와 간극을 찾고 이어지기를 반복하니까요.

나의 권위를 잊지 않기

이쯤에서 틀릴까 봐 말하지 못 하는 감상들에 대해 다시 생각해 봅시다. 모든 전시, 모든 전시물, 모든 대화에 집중하고 머물러야 하는 건 아닙니다. 나에게 끌림이 있는 것에만 집중해도 시간과 체력이 모자랄 테니까요. 잊지 마세요. 전시가 제 아무리 유명하고 훌륭하다고 해도 언제나 스킵 가능, 묵비권 행사 가능입니다.

시라토리 씨처럼 시각 장애인 분들을 포함해서 전시 공간을 황야라고 느끼고 있는 사람들을 떠올립니다. 어린 아이가 될 수도 있고요. 어떤 부분에서는 잘 모른다며 숨는 내가 있지는 않나요? 대화에 참여할 자격을 벌써 박탈하시면 안 됩니다. 시라토리 씨는 시라토리 씨의 방식대로, 아이는 아이의 방식대로, 나는 나의 방식대로 전시를 본다는 건 그런 의미입니다.

'나'는 이미 특정 나이, 지역, 성정체성, 직업, 계급 등 어딘가에 위치하고 있습니다. '나'라는 사람은 복합적인 문화의 경계에서 중첩된 유일한 존재이기도 합니다. 누군가에게는 아주 궁금한, 어떤 문화에 친숙한 사람이고 또 그 문화에 포함되어 있는 사람인 것이죠. 난민, 퀴어, 장애 등 소수자라면 다수에겐 더더욱 궁금한 사람이 될 겁니다. 당신은 충분히 권위를 갖고 있습니다. 내가 속한 문화를 세세하고 촘촘하게 기록할수록, 복잡하고 흥미로운 자신을 살필 수 있습니다. 감상을 반복함으로써 나를 표현할 언어를 만들고, 나와 같은 문화를 공유하는 사람들을 만나고, 또 다른 문화를 살필 수 있는 것이죠. 감상을 통해 우리는 더 넓은 세계, 좋은 자리를 누리며 살아갈 수 있습니다. 말하기와 글쓰기를 주춤거리는 당신이 시대와 문화의 특별한 대표자라는 사실을 잊지 마시길 바랍니다.

04

전시와 상호작용하기

기억의 궁전 만들기

전시에 대한 깊고 오랜 기억을 만들기 위해서는 하나의 전시를 완결성 있는 경험으로 의도적으로 마무리할 필요가 있습니다. '기억의 궁전' 혹은 장소법(場所法, method of loci)에 대해서 알고 계신가요? 서로 관련 없는 정보들을 모아 효과적으로 기억하기 위한 방법입니다. 기억하고자 하는 대상을 궁전, 길, 상점과 같은 특정한 장소와 의도적으로 연관 지어 단기 기억을 장기 기억으로 바꿀 수 있도록 하는 기억법입니다. 꾸준한 훈련과 연습으로 기억력을 키울 수 있는 전략으로 기억력 스포츠 대회 참가자들에게는 익숙한 방법입니다. 체계적인 박물관 전시 관람이 오래 남는 이유가 장소, 위치, 물건이 함께 있기 때문이라고 할 수 있습니다. 상상 속의 궁전이 아니라 실재하는 궁전인 거죠. 이 안의 물건을 잘 몰라도 물건의 존재 자체는 기억할 수 있습니다. 이 파편적인 단기 기억의 정보를 장기 기억으로 만들고 나면 다음으로 이어지는 순간들이 있습니다. 어떤 종류의 배움은 시간이 지난 후에 혹은 알아차리지 못해도 도움이 됩니다. 그렇기 때문에 더욱 의도적으로 기억의 궁전을 만들어보기를 권합니다.

1회차, 탐색(探索) — 첫 인상을 누리기

전시 제목과 서문을 읽고 전시실 입구에 섭니다. 추가적으로 할 수 있다면, 전시 도록의 목차나 리플렛을 펼쳐보고 전시의 구성을 확인합니다. 이때 전시 도면이 있다면 너욱 좋습니다. 천천히 산책하는 기분으로 일단은 눈에 들어오는 것들을 중심으로 살펴봅니다. 첫 인사에는 핸드폰은 내려두고 직관과 감각만으로 끌리는 곳에 머물렀다가 이동합니다. 그래도 첫 관람은 30분이 넘기지 않기를 권장합니다. 기억의 궁전의 시작과 끝을 일단 파악해 두어야 덜 아쉽게 전시 경험을 꾸릴 수 있으니까요.

2회차, 관람(觀覽) — 편집자의 눈으로 살피기

예열을 마치고 나면 두 번째 관람부터 본격적인 관람으로 푹 들어갈 수 있습니다. 가능하다면 전시장 입구에서 다시 시작하는 걸 좋아하지만, 동선이 너무 길거나 재입장이 불가능할 경우에는 출구에서부터 역으로 전시를 살펴봅니다. 두 번째 관람에서는 전시 구성과 연출을 확인하고 전시를 분할합니다. 이때 주로 보는 것은 바닥과 벽면의 색상의 변화를 중심으로 목차가 변화하는 구역 단위로 크게 분할합니다. 그리고 큰 단위 안에서 얼마나 많은 세분화를 했는지 확인합니다. 대제목 아래 소제목은 몇 개가 구성되어 있는지 개념적으로 파악합니다. 동시에 그 개념의 논리를 무엇으로 표현했는지 봅시다. 가장 중요한 건 전시물입니다. 전시물을 위해 할당한 공간의 크기를 살펴보면 중요한 전시물이 무엇인지 파악하기 쉽습니다. 크고 여백을 많이 차지할수록, 조명을 섬세하게 조절할수록 관람객이 자연스럽게 그 공간에 더 머물게 됩니다. 또한 그 전시물을 설명하기 위한 글, 그림, 영상과 같은 정보를 배치한 방식을 확인합니다. 빙빙 돌면서 전시를 구성하는 요소들을 나누고, 전경과 후경을 구분합니다. 전시를 만드는 사람들의 상황을 추측하고 결과적으로 관람객에게 무엇을 보여주고 싶어 했는지를 분석합니다. 이때 전시는 기획의 메시지를 읽어보는 콘텐츠가 됩니다. 위치는 어디인지, 어떤 색을 사용했는지, 얼만큼의 공간을 차지하는지, 어떤 전시물과 함께 배치된 것인지를 봅니다. 이렇게 공간 단위로 묶어서 보면 전시물만 집중해서 볼 때와 다른 방식의 해석이 가능합니다. 글자를 읽어서 정보를 수용한 것이 아니라 공간 전체를 추측하고 예상하면서 의미를 도출하게 되죠. 더 많은 사실을 알아낼 수도 있지만 무엇보다 전시를 보는 재미가 붙는다는 장점이 가장 큽니다.

n회차, 감상(鑑賞) — 밑줄 긋기

세 번째 혹은 더 많은 관람을 반복하면서 이제는 문장에 밑줄을 그어봅니다. 이제는 각자 눈의 불을 켜고 나에게 닿는 전시물을 살펴봐야 합니다. 실제로 밑줄을 그을 수는 없으니 카메라를 활용해서 촬영합니다. 근데 이쯤 되면 이미 지쳤을 확률이 높아요. 전시를 파악하는 게 정말 쉽지 않거든요. 저도 할 때마다 온 에너지를 다 씁니다. 이때는 의자에 한참 앉아서 쉽니다. 가져왔던 리플렛이 있다면 그 위에 이런저런 설명을 적거나 인상 깊은 것을 남겨놓기도 합니다. 한숨 쉬고 나서도 체력이 완전히 채워지지 않을 수 있습니다. 차라리 좋을 수 있어요. 더욱 신중을 기해서 적은 컷만 촬영해 봅시다. 이때의 신중은 사진의 구도를 완벽하게 아름답게 찍겠다는 의도보다는, 내가 발견한 바를 기억하겠다는 의도가 큽니다. 그래서 저는 이 힘을 빼고 찍은 전시 사진들을 '마음 캡처'라고도 부릅니다. 이미 전시의 큰 구획을 알고 있기 때문에 생략과 강조를 할 수 있습니다. 이제는 단순히 전시물 바라보는 것이 아니라 전체 전시의 맥락에서 해당 전시물이 무슨 의도로 여기에 왔을까 질문해 보는 거죠.

이때 저는 매번 두 가지 고정 질문을 던집니다. 하나는 이 전시를 만든 사람들이 중요하게 생각한 전시물은 무엇인 것 같은지, 다른 하나는 나에게 와닿는, 다른 이에게 소개하고 싶은 전시물은 무엇인지 묻습니다. 둘 다 정확한 정답은 없는 질문입니다. 답을 추론하기 위해 전시를 관찰하도록 돕는 질문이죠. 질문을 품은 채로 곰곰이 생각하며 전시장을 걷다 보면 떠오르는 생각들이 있습니다. 왜인지 모르겠지만 이상하게 머릿속에 자주 떠오르던 생각이 있지요? 분명 그 생각의 주제와 닿는 전시물이 생길 겁니다. 전시물과 함께 그 이야기를 전해주세요. 평소에 내 머릿속에 있지만, 다른 이들에게 공유하기 애매했던 것들 말이에요. 감상을 나누는 자리에서 잘 묵혀둔 본인만의 주제를 꺼낸다면 다른 분들의 감탄을 이끌어낼 거예요. 결론이 나지 않았던 문제라도 꺼내보면 분명 새로운 시각으로 조명할 수 있습니다.

전시장 밖으로

푹 쉬고 나서 다시 전시를 살피는 작업을 해봅니다. 만들어둔 기억의 궁전을 걸어봅시다. 전시장 입구 한쪽에 있는 전시 서문의 위치부터 떠올립니다. 전시물 하나하나의 이름은 몰라도 해당 영역이 어떤 주제로 제시되었는지 떠올려봅니다. 여기에서 내가 가장 오래 보았던 것은 무엇인지, 왜 오래 보았는지 머리와 몸에 잘 새겨져 있기를 바랍니다. 하지만 꼭 세세하게 전시가 떠올려지지 않아도 됩니다. 이 책을 쓴 이유는 감상자의 혼란을 줄이고 싶기 때문입니다. 전시를 보았지만 아무 말도 할 수 없다거나, 자세히 보고 싶지만 무엇을 주목해야 하는지 몰라서 전시장을 빠르게 지나간다거나, 전시물 하나하나 모두 살펴야 한다고 생각해서 모든 전시물을 지루하고 피곤하게 살피는 경우가 적어지길 바랍니다. 세밀하지 않더라도 흐릿한 인상 그대로 잘 살피면 됩니다. 앞으로 만나게 될 전시에서 적절히 가감해서 이 방법들을 적용해 보세요. 전부를 적용하기 부담스럽다면, 인상 깊은 작품 앞에 서 있는 자신을 잘 기억해 주세요.

사물이 말을 걸어온다

사물은 말을 하지 않습니다. '작품이 말을 걸어왔다'라고 상투적으로 쓰는 이 표현은 어떤 순간에 쓰는 걸까요? 좋은 전시는 단순히 과거의 자료를 차례로 나열하지 않고, 감상자의 내적 대화를 촉발하도록 연출되어 있습니다. 말하지 않는 사물과 사물의 주변을 살피며 스스로 질문하고 답하게 만듭니다. 사물의 목소리를 듣기 위해서는 전시를 잘 살필 뿐만 아니라 자신에게도 집중해야 합니다. 지금까지 학습했던 경험들이 확대되면서 머릿속에서 자신의 목소리를 듣게 됩니다.

전시 공간 안에서 보여지는 정보와 자신이 알고 있는 정보(지식뿐만 아니라 감정적인 것들을 포함한)들이 사물을 통해서 마주하게 합니다. 전시물이라는 사물을 통해 자신의 목소리를 투사합니다. 우리는 사물 위에는 정보와 감각이 하나의 목소리처럼 공명할 때 '작품이 말을 한다'고 표현하게 됩니다.

아는 만큼 보인다

시간과 애정을 쏟으면 사물은 그만큼 가까워집니다. 직감, 영감, 통찰은 번개처럼 머리 속에 들어오는 이미지가 있습니다. 그래서 착각하기 쉽지만, 이들은 그냥 다가오는 것이 아니라 번거로움 사이를 헤치고 있을 때만 찾아낼 수 있습니다. 이미 알고 있는 내용이 풍부하다면 가장 좋겠지만, 꼭 사전 지식이 있어야만 전시를 감상할 수 있는 건 아닙니다. 전시에는 지식이 수두룩합니다. 호기심의 눈으로 자료를 읽고 질문하고 답을 찾으며 대화의 과정을 밟아보겠다는 마음으로 발품만 팔면 됩니다. 말하지 않는 물건들을 주변 정보의 맥락으로 읽어내면서 지금 이 순간, 나를 만나게 되는 과정을 생각해 봅니다. 동시에 나의 시선을 빼앗고 오래오래 바라보게 만드는 장면으로 진입합니다. 혼자만의 깊은 감상은 그것만으로도 충만해집니다. 그러다 보면 전시장의 공기도 점차 익숙해집니다. 우리가 관찰하고 있는 무언가를 만들기 위해, 혹은 오래 지켜내기 위해 노력하는 사람을 떠올려 봅니다. 어떤 존중의 방식에 대해서 생각합니다. 분명 저보다는 오랜 시간동안 그 전시품들을 들여다본 누군가가 그렇게 전시장을 꾸며 놓았을 겁니다. 그렇게 시간을 들인 데에는, 분명 그만한 이유가 있을 거라 생각하고 저도 자세히 살펴봅니다.

내 안의 목소리는 반응합니다

사람들이 유창하게 자신의 의견을 말하게 되는 때는 언제일까요? 자신이 잘 알고 있는 것에 대해 말할 때일 수도 있고, 아니면 자신이 오래 품고 있던 이야기를 꺼낼 때일 수도 있고, 그것도 아니라면 버벅거려도 끝까지 말할 수 있는 분위기가 만들어졌을 때가 아닐까 합니다. 감상은 수많은 자극 속에서 결국 나를 이끄는 것은 무엇인지 살피는 일이자 어떤 파장이 남겨지는지 확인하는 일입니다. 소통은 감상의 과정으로, 전시와 전시물 그리고 감상자로 이어지는 대화 형식의 학습 과정을 가리킵니다. 몰입은 감상의 상태로, 개인적인 내적 대화에 집중한 감상자의 상태라고 할 수 있습니다. 감상을 위한 소통과 몰입이 혼자서는 어렵다면 함께 대화하며 보고 듣고 말하는 사고과정•의 순환을 이어가면 됩니다. 일단 작고 단순한 것에서부터 보다 세밀하고 정교하게 **관찰**합니다. 그리고 관찰로부터 의미를 끌어내는 **추론**을 할 수도 있습니다, 그리고 이 추론을 정확히하기 위해서 세부사항을 짚어봅니다. 혹은 **추측**을 통해 여러가지 방식으로 생각을 갈래를 뻗어나갈 수도 있죠. 관찰에서 추론, 추측을 하며 꺼내놓은 것들은 살피며 정돈하는 **정교화** 과정을 거칩니다. 그러면서 초기의 생각을 **수정**할 수도 있습니다. 오래 살피면 살필수록 나의 이야기는 풍부해집니다.

• 필립 예나윈 저, 손지현·배진희·신지혜·정현정 옮김, 『이미지로 키우는 사고력 VTS』, 미술문화, 2019, 221~222쪽

질문하는 태도를 알려준 박물관

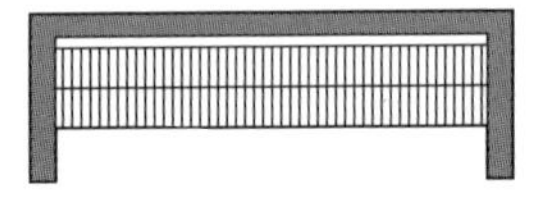

국립민속박물관의 《노인》

2016년의 국립민속박물관의 《노인》전에 대한 이야기를 해볼까 해요. 왜 굳이 2016년의 전시를 지금 이야기하는 걸까요? 아주 개인적인 이유인데요. 이 전시가 제가 전시를 그렇게 보기 시작한 계기였거든요. '그렇게'라는 건 의아한 지점을 갖게 되었다는 거예요. 2016년은 제가 박물관에서 일을 시작할 때라 저는 인턴으로서 이 전시를 관람했습니다. 이 전시는 '오랜 경험 깊은 지혜'라는 부제에 걸맞게 4명의 노인이 조명되었습니다.

기록은 모두 역사다 — 농부 임대규

62년간 메(망치)질 — 대장장이 박경원

100년을 이어온 손님을 위한 정성 — 재단사 이경주

시계와 살아온 65년 — 시계수리공 오태준

전시를 다 보고나서 저는 의아했습니다. 이 뒤에도 전시가 더 있을 것이라고 생각하며 다음 전시실을 찾았습니다. 왜 그랬을까요? 전시 속 노인들은 모두 할아버지였습니다. 분명 전시 기획의도에서는 한 성별만 한정하지 않았거든요. 특별하지 않아도, 오랜 경험과 깊은 지혜를 쌓은 노인들의 이야기를 듣고 싶었어요. 할아버지들의 이야기를 다 듣고 나면 할머니들의 이야기도 나오지 않을까 싶었습니다. 그런데 전시가 끝났더라고요. 이미 지난 과거를 이야기하는 것도 아니고 살아 계신 분의 물건을 전시하기도 했는데, 단 한 분의 할머니가 없다니? 박물관의 전시니까 당연히 배우려는 자세를 갖고 있던 저에게 이 일은 사건이었습니다. 그대로 받아들이기 힘들더라고요. 박물관의 전시는 곧 역사적인 기록일 텐데, 게다가 국립박물관인데, 왜 할머니들의 오랜 경험과 깊은 지혜는 '노인'전에 포함하지 않았을까?

질문하는 태도로 전시 읽기

박물관의 인턴 경험과 함께 했던 이 전시 관람은 이후의 저에게 큰 영향을 주었습니다. 전시를 그저 받아들이기만 했던 태도에서 내가 이야기할 수 있는 경험과 소재를 찾으려는 태도로 바뀌었습니다. 가만히 관람만 하기보다는 이야기를 하고 질문을 던졌습니다. 저의 질문을 들어주는 사람들이 생겨나기도 했고요. 그렇게 형태를 갖춰나간 것이 저의 전시모임인 전시독후감입니다. 오랜 경험과 깊은 지혜를 보여줄 할머니는 없었을까요? 아쉬운 마음이 컸습니다. 박물관이 완벽할 수는 없다는 것을 알고 있습니다. 누구나 한계는 있으니까요. 어떻게 하면 나의 의견이 전달될 수 있을지 궁리하기 시작하면서 함께 읽기를 구체화해왔어요. 저는 적극적인 시민이 되어 함께 성장하겠다고 이야기하는 사람이 되고 싶어요.

관람 후 반응이 꼭 "좋다"가 될 수 없어요

'앞뒤 없는 칭찬'보다 '서두 있는 비판'이 더 알찬 법입니다. 전시가 꼭 좋을 필요가 있나요? 전시에 대한 감상이라고 하면 굉장히 좁은 폭으로 이해하게 되는데 그건 '감상'이라는 단어가 가지고 있는 느낌 때문인 것 같아요. 아무래도 '감상 = 지적인 것 = 좋은 것'이라는 연상이 자연스레 들거든요. 전시를 뜯어보면서 훌륭한 해석에는 감탄을 하고, 눈길 이끌지 못한 해석은 스쳐 지나고, 거슬리는 해석에는 비판할 수 있다고 생각해요. 결국 전시에서 나타난 해석에 대한 반응은 모두 감상에 포함됩니다. 전시는 무언가를 말했고 관람자는 그 목소리를 듣고 반응하며 감상을 말하면 되는 거죠. 전시를 '기관/기획자/제작자/사용자'의 입장에서 엮어낸 하나의 이야기라고 생각한다면, 나(관람객)의 이야기도 분명 유용하고 의미 있는 이야기 중 하나가 될 수 있습니다.

PART 3

전시를
내 것으로
만들기

감상 쓰기를 뒷받침해 주는 전시 관람

이번 장에서는 나의 손끝으로 한 편의 글을 작성해 봅시다. 백지에서 시작하지 않고, 지난 경험을 재구성해서 씁니다. 모든 경험을 하나도 빠짐없이 쓰는 것이 아니라 적당히 가감해서 하나의 글로 작성합니다. 글이라고 해서 꼭 길게 써야 하는 건 아닙니다. 제목을 붙여주는 것도 적절한 감상이 될 수 있습니다. 과거의 경험을 끌어다 현재에 쓰면 됩니다. 집에서 전시장으로 갔다가 다시 집으로 향하는 경험 중에서, 혹은 꼼꼼히 살펴보았던 전시장 안에서의 경험 중에서, 아주 과거의 경험으로부터 현재를 다시 보게 만드는 장면을 모아서 다시 살피고 고르고 이름을 붙여봅시다. 쓰는 일이 막막할 수는 있지만 무서워할 필요는 없습니다. 0보다는 1이 좋다는 생각으로 빠르게 글을 쓸 수 있도록 몇 가지 모듈을 제안해 보았습니다. 각자 약간의 조립을 통해 나의 감상과 글을 빠르게 쓰고 공유해 봅시다. 완벽보다는 시도에 초점을 둡시다.

지금을 잘 표현했다면 충분히 좋은 글

앞서 '해석'의 관점으로 전시와 전시물에 대한 설명을 길게 나눴습니다. 이제는 기획자와 작가를 통해 충분히 해석된 전시와 전시물을 글의 밑바탕으로 두고 나의 이야기를 살살 비벼 버무려봅시다. 알싸한 풋내도 그것대로 맛이 좋습니다. 완성도 있는 감상까지는 무리이더라도 새로운 감상, 새로운 시도에 후한 점수를 주고, 조금 더 욕심을 내본다면 이 책을 덮고 나서 좀 더 성숙해진 감상까지 나아갈 수 있다면 좋겠네요.

01

리뷰 쓰는 방법

전시를 보고 말하고 기록해야 하는 이유

나다운 감상 쓰기

감상을 쓰는(write) 일은 전시를 쓰는(use) 일이기도 합니다. 전시와 작품은 나의 감각을 활성화해서 감상을 만드는 재료입니다. 관람의 목표가 감상이라면 희미하게 포착한 느낌을 나의 말과 글로 꺼내는 것은 무엇보다 중요합니다. 이런 태도를 익히기 전까지 저의 감상은 자주 실패했습니다. 정확히 이해하고 싶었고, 틀리고 싶지 않았기 때문입니다. 나는 잘 모르니 계속 배워야 한다는 강박이 이어져서 결국 작품으로부터 받은 느낌은 몽땅 잊고 압박감만 남았습니다. 배우려고 할수록 감상에 실패할 테니, 더는 자세를 낮추지 말았으면 합니다. 전시를 통해 배워야 하는 건 지식이 아니라 태도에 가깝습니다. 나라는 사람을 기준으로 말하고 글 쓰는 태도. 그래서 관람할 때는 나는 나를 알게 되고, 조금은 깊어진 것 같다는 생각을 합니다. 하지만 느낌과 말은 이내 흩어집니다. 그에 비해 내가 쓴 문장은 다시 나를 만들기도 합니다. 감상 안에 자신이 있습니다. 표준국어대사전에 따르면 '자신'이라는 단어에는 여러 종류의 뜻이 있습니다. 그중에서도 대표되는 1번과 2번의 의미는 다음과 같습니다.

자신

1. 그 사람의 몸 또는 바로 그 사람을 이르는 말.
2. 어떤 일을 해낼 수 있다거나 어떤 일이 꼭 그렇게 되리라는 데 대하여 스스로 굳게 믿음. 또는 그런 믿음.

감상이 만들어지기 위해서는 나라는 존재가 있어야 합니다. 동시에 감상은 나의 존재를 스스로 믿게 만드는 일입니다. 나의 이야기는 나만 쓸 수 있습니다. 엉성하고 짧아도 나에 대한 정보는 나에게서 나오게 됩니다. 그러니까 아무리 작은 조각이라도 충분히 의미가 있습니다. 중요하지 않아서 없는 것이 아니고 쓰이지 않아서 중요한 줄 모르는 것일 수도 있습니다. 그러니, 당신이 반드시 써야 합니다. 그래야 다음이 있습니다.

나라는 다양성을 꺼내놓기

스스로가 너무 별로라고 생각되거나, 혹은 꺼내 놓을 만한 이야기가 없다고 생각하시나요? 그렇다면, 누구보다 훌륭한 준비가 되어 있을지도요. 나에게 가장 취약한 부분은, 어쩌면 문화적으로 가장 강력한 힘을 갖습니다. 언어는 세계보다 좁은데, 그중에서 산업과 학술 영역처럼 전문화된 분야에서 공인된 언어는 더 좁습니다. 감상은 시장도 학술도 아직 도달하지 못한 미지의 영역에서 언어를 만들어냅니다. 그 미지의 영역에 계신 거예요. 꺼내놓기만 하면 누구보다 독창적인 글이 됩니다. 한 번도 꺼내보지 않은 말은 의외로 주변 사람들보다는 모르는 사람에게 털어놓는 편이 좋아요. 그렇다고 모르는 아무나에게 무턱대고 털어놓기보다는 들어줄 자세를 가진 사람을 찾아가면 더 좋아요. 개인적으로는 글쓰기 모임을 추천합니다. 나답게 반응하기 위해서는 외부의 자극만큼 지금의 나를 잘 관찰하고 포착하는 습관 그리고 횡설수설하는 시간을 함께 건너갈 동료들의 응시가 도움이 되거든요.

감상을 쓰고 사람들과 공유하는 과정은 공식적인 언어 시장에 나와 나의 옆 사람들을 엮어내 생동하는 과정이 됩니다. 그렇다고 시장과 학술의 인정이 필요하다고 말하는 건 아닙니다. 감상의 출발은 각자 자신에게 필요한 영토와 사회를 찾아 나서는 일이 되면 좋겠네요. 이쯤이면 왜 감상을 써야 하는지 설득이 되었으면 합니다. 감상은 단순히 기분 좋아지는 개인적인 일이 아니라 나라는 존재가 사회 속에서 역동적으로 움직이는 궤적을 보여줍니다. 당신이 전시를 통해 세상을 바라보는 방식을 흥미롭게 갱신할 수 있으면 합니다.

전시 경험 모으기

이제는 안에 있던 감상을 밖으로 꺼내는 작업을 합니다. 꼭 언어가 아닌 다른 방식으로 감상을 남기는 것 역시 가능하지요. 그래도 익숙한 방식의 감상은 언어인 듯합니다. 언어화하기 위한 작업의 첫 번째는 글의 재료인 경험을 모으는 일입니다. 이때 전시 경험은 박물관이 제공한 것과 박물관에서 겪은 일 모두입니다. 그래서 전시 경험 재료는 매뉴얼에 있는 정보와 매뉴얼 밖에 있는 정보로 나눌 수 있습니다.

매뉴얼에 있는 정보들

매뉴얼에 있는 정보는 박물관 전시를 시스템으로 바라 보았을 때 예상 가능한 지점들입니다. 전시를 보러 나서는 길에서, 전시를 보는 준비를 하면서, 여러 번 전시를 살피면서, 사진을 찍고 나의 감상을 남기면서 하나의 경로로 경험을 정리합니다. 그리고 집에 돌아가는 길에는 지나온 경험을 엮어 내는 작업을 합니다.

전시를 보러가는 길을 시작으로 전시장 입구에 서서 해야 할 일들을 정돈합니다. 그리고 전시를 살펴봅니다. n회차 전시 관람을 하면서 기획자의 의도와 나의 감각을 겹쳐가며 전시에 밑줄을 긋는 감각으로 사진을 찍고 단어를 메모합니다. 이때 중요한 것은 생생함입니다. 문장으로 이어지지 않아도 괜찮습니다. 번뜩 떠오르는 것들이 있다면 리플렛이나 휴대전화 메모장에 단어로나마 남겨봅니다. 즉각적으로 sns에 올리는 것도 방법입니다. 짤막하고도 산만한 감상을 주머니에 쓸어담아서 집으로 갑니다. 아트숍이나 개방된 자료실에서 시간을 보내는 것도 좋습니다. 전시를 모두 보고 집으로 향하는 길에 주머니 속을 뒤집어 살피며 비슷한 것들끼리 분류하고 이름을 붙이는 작업을 합니다. 전시가 정말 좋았다면 집에서 여러 자료를 다시 찾아보는 것도 가능합니다. 하지만 자료를 더 찾아 보는 일보다 더 중요한 건 나에 대해서 감각을 세워내는 일입니다. 좋은 감상은 솔직함으로부터 시작합니다. 내가 나의 감각을 존중하면서 정보를 취사선택합시다. 어떤 전시를 보아도 비슷한 흐름으로 적용할 수 있습니다. 정보는 산재되어 있지만 나의 경험의 경로는 단일하니까, 마주했던 순서를 유의하면서 전시 경험을 정리하고 재료로 다듬어 봅니다.

매뉴얼 밖의 정보들

그렇다면 매뉴얼 밖의 정보들은 무엇일까요? 전시를 만드는 사람의 예상 밖 정보들을 말합니다. 사실 관람객의 개별적 에피소드에 가깝습니다. 같은 전시를 다르게 만드는 요소들이죠. 유난히 전시장에 사람이 많거나, 스태프가 친절하다거나, 전시에 필요한 장치가 고장나서 아쉬웠던 순간들이 해당하지요. 주변 환경뿐만 아니라 나의 상태도 포함할 수 있습니다. 어떤 날은 체력이 좋지 않아서 의자에 오랫동안 앉아 있었고 그래서 오래 살펴본 전시물이 생길 수도 있습니다. 머리가 복잡할 때, 마음이 무거울 때는 심각하고 어려운 질문을 던지는 전시물이 더 깊게 다가오기도 하고요. 나는 관심 없는 작품을 계속 보고 있는 사람의 시선을 따라 엉뚱하게 관찰해 보기도 합니다. 나의 체력, 감정을 비롯한 상태 그리고 당시 전시장 주변의 사람들과 환경은 같은 전시라고 할지라도 매번 다를 수 밖에 없습니다. 개인적 경험을 바탕으로 한 전시 감상의 좋은 출발은 대체로 매뉴얼 밖에서 옵니다. 모든 정보와 모든 감각에 공평할 필요는 없습니다. 나를 가장 먼저 이끄는 것으로 다가서서 그것부터 정리합니다. 어쩌면 전시가 별로일 수도 있습니다. 그럴 때는 전시는 배경으로 두고 나의 이야기를 해봅시다. 그 역시도 개인에게는 충분히 훌륭하게 전시를 이용하는 한 방법이 될 수 있습니다.

경험에 이름 붙이기

찬사든 오명이든 결국 작품에 대해 할 말이 있는 작품만 남겨집니다. 그러니 관람했다면, 한 표 남기듯 감상문을 써보길 권합니다. 전시와 작품을 꿰어보며 상상력을 발휘할 각도를 찾아봅니다. 전시를 무작정 보다 보면 분명 쌓이는 것이 있지만, 그래도 의도적인 집중을 하는 것이 좋습니다. 좋은 경험이라는 것은 차례로 오는 것이 아니라서, 정신을 차리지 않으면 새로운 사건들에 휩쓸리고는 합니다. 자극을 잘 느끼기 위해서는 강한 자극이 필요한 것이 아니라 나에게 집중하는 연습이 필요합니다. 일단 내가 무엇에 흥미를 갖는지 살펴봅시다. 무게중심을 우리 안쪽으로 가져와서 눈앞의 전시물 너머 떠오르는 호기심과 궁금증을 놓지 말고, 느낌에서 이유로 넘어가는 질문을 이어가 봅시다. 나의 흥미거리를 찾지 못했다면 전시장은 정보의 나열처럼 느껴집니다. 그러니까 많은 것을 경험하는 것만큼이나 나의 느낌을 붙잡는 것이 중요합니다.

하나, 작품 옆 시와 글 고르기

센토(cento)를 아시나요? 좋은 시(노래)의 문구를 새로 묶어서 만드는 시(노래)인데요. 원문과 상관없이 뒤죽박죽하게 새로 배열해 나의 것을 만드는 일종의 놀이의 과정을 따릅니다. 전시장 안에도 참 많은 문장들이 있습니다. 그 안에서 이런저런 배열을 하면서 새 문장을 만들어보는 건 어떨까요? 그러고 난 뒤에는 그 시의 풍경이 될 그림을 골라보는 것도 좋습니다. 마음에 들었던 단어와 문장을 쓰고 시라고 생각해 봅니다. 이런 글은 메모장이나 블로그 비밀 게시물, 다이어리에 적어둡니다. 꼭 공개하지 않아도 되니까, 다가오는 느낌을 흘려버리지는 말았으면 합니다. 꼭 나의 시와 문장이 아니라도 좋습니다. 관람의 과정은 고독할 수 있으나 나의 감상의 결과물은 외롭지 않도록 해주세요. 홀로 있는 생각이 글이 되도록 자리를 마련하고 주변을 만들어주세요. 이 또한 일종의 나를 위한 돌봄이 될 수 있습니다.

둘, 사진을 묶어서 제목을 붙이기

전시를 보다 보면 사진을 찍게 됩니다. 저는 이를 '마음캡처'라고 부릅니다. 전문가의 사진과 비교하면 엉망이겠지만 중요한건 나의 생각을 시각언어로 갖고 있는다는 거예요. 이제는 전시의 맥락을 지워내고 사진들 사이에서 공통점을 찾고 주제로 묶어봅시다. 사진은 최소 3개, 최대 5개를 넘어가지 않도록 골라보는 것을 추천합니다. 3개 이하는 상상력을 발휘할 여지가 적었고 5개 이상은 전시를 살펴보는 데 너무 많은 시간이 걸렸거든요. 사진을 고를 때는 처음부터 주제를 갖고 선별해도 좋고, 맘에 드는 작품들을 갖고 새로운 조합과 해석을 해보는 것도 좋습니다. 휴대폰 사진 '갤러리'에서 각자만의 '큐레이션'을 해봅니다. 새로 작품을 묶어 시리즈로 보여주거나 작품 이름을 새로 붙여주는 것도 방법입니다. 선물을 고르고 편지를 쓰듯 누구에게 어떤 그림을 선물할 수 있을지 골라봅니다. 개인적으로 『내가 읽는 그림』(위즈덤하우스, 2023)을 추천합니다. 저자로 소개된 백그라운드아트웍스는 미술 비평가처럼 전통적인 미술계의 지형도 안에서 글을 쓴 사람과 시인, 사진작가 등 다양한 직업군이 모인 필진입니다. 어려운 용어나 설명을 쓸 수 있는 사람들이지만 대체로 평이한 일상의 언어로 자신만의 큐레이션을 통해 개인적인 감상을 담아 그림을 읽어줍니다.

셋, 나의 물건과 전시물 자리 바꿔보기

나의 물건과 전시물을 엮어서 가상의 공간을 만들어봅시다. 전시에 개입하는 적극적인 방식 중 하나입니다. 내가 갖고 있는 물건을 전시실 어딘가에 둔다면, 그건 어떤 물건이고 어떤 맥락으로 읽히게 될까요? 전시를 하나의 질문을 통해 새로운 맥락과 상황으로 만들 수 있다는 점에서 즐거운 상상이 됩니다. 나의 물건을 세세히 들여다보는 기회가 될 수도 있죠. 만약 내 물건이 박물관에 등록이 된다면 그건 어떤 이유에서인지, 등록되지 않고 참고 자료로 제시된다면 어떤 맥락으로 제시될 것 같은지 세세히 상상을 펼쳐봅니다. 그 반대도 가능합니다. 이 전시에 나와 있는 전시물을 우리

집으로, 내 방으로 가져온다고 상상해 봅니다. 그 위치는 어디이며 어떻게 배치할지도 생각해봅니다. 어떤 느낌을 주는 사물이 될지, 사람들에게는 무엇으로 소개할 것인지, 그 의미는 무엇인지 채워봅니다. 박물관 전시와 현실의 경계를 희미하게 만드는 작업은 또 다른 맥락의 의미를 복합적으로 더해주는 창의적 활동입니다.

넷. 색상과 감정을 엮어서 감상쓰기

앞서 제시한 세 가지 방법 모두 어렵다면, 더 간단한 방식의 감상도 하나 알려드리겠습니다. 색상과 감정을 엮어서 감상을 써봅니다. 검은색, 흰색의 무채색도 색상이고요. 투명한 물건은 주변을 반사한 색이 있겠죠? 사물에는 색상이 있습니다. 색상은 이론이나 누군가의 의도와 관계없이 나의 의미를 담아내기에 좋은 그릇이 됩니다. 여기에 나에게 느껴지는 감정을 함께 병치하면 쉽게 감상을 만들어낼 수 있습니다. 고려청자의 색상을 보고 어떤 이는 '슬픈 녹색'이라고 할 수 있고, 누군가는 '조용하고 따뜻한 풀색'이라고 할 수도 있겠죠. 단 한 줄이라고 해도 충분한 감상이 됩니다. 가능하다면 그 아래 글을 이어서 써보는 것도 좋죠. 색상이 많이 들어가 있다면, 혹은 할 말이 많다면 하나의 전시물에 여러 개의 색상을 뽑아봐도 좋습니다. 이 감상법은 『오늘의 기분은 무슨 색일까?』(스테이블, 2023)를 참고해 보시면 더 좋습니다. 시대적 배경과 작가에 대한 이해보다 나와 전시물 간의 관계를 탐색하고 포착하는 좋은 방식이니까, 꼭 작품이 아니라 일상에서 적용할 수도 있습니다.

02

함께 리뷰하는 방법

전시를 함께 보면
좋은 이유

함께 전시 보기의 장점

함께 만나 눈앞에 전시를 보면서 묘사하는 경험, 나를 표현하는 경험은 혼자 전시를 보는 일과는 다릅니다. 전시에 대한 질문과 답변이 오가면, 나도 잘 몰랐던 내가 불쑥 튀어나올 때가 있어요. 그래서 감상이라는 활동이 중요하다고 생각해요. 으레 남들과 비슷하다, 같다고 생각했는데 내 입에서 예상하지 못했던 이야기가 나옵니다. 전시장에서 대화의 모양은 참 이상합니다. 말의 첫마디는 '개인적으로, 저는'이라고 시작해서 '같아요'와 '아닐까요'를 수없이 붙이며 끝납니다. 자신할 수 없지만 그럼에도 이야기는 계속해서 이어집니다. '이런 말 해도 될까?'에서 '그래도 해봐야겠다'라고 마음을 바꾸고 말을 하는 순간, 아직 정리되지 않아서 횡설수설하는 사람을 저는 기다리고 있습니다. 이때 나타나는 침묵과 응시는 존중, 애정, 관심의 표현이 됩니다.

우리는 나답게 말하기를 배워야 합니다. 하지만 그 과정에서 굴곡과 실패를 마주합니다. 덜도 말고 더도 말고 나처럼 느끼고 말하는 일이 이렇게 어렵습니다. 나답게 세상을 사는 법은 경험을 통해서만 얻을 수 있습니다. 그런 면에서 삶은 언제나 배움과 연결을 필요로 합니다. 미대를 진학한 저에게 배움과 연결은 '전시'를 경유해서 다가왔습니다. 제가 놓인 환경에서 전시는 꽤 합리적인 학습 방법으로 보였습니다. 전시를 보기 위해 멀리 떠나보기도 했고, 가까이 있는 것을 자세히 살피는 일을 하기도 했어요. 또 전시를 잘 보고 잘 배우기 위해서, 오래 보다 보면 보이는 것이 있겠지 싶어 같은 자리에 혼자 오래 서있곤 했어요. 이제 생각하면 그렇게 효율적인 학습 방법은 아니었습니다. 그렇다고 후회도 없어요. 다만, 과거에서 배운 것을 토대로 제가 권하는 건 당신이 박물관에서 혼자가 아니라 동료들과 함께 하는 법을 연습하면 좋겠다는 겁니다. 쳇바퀴 돌듯 반복되는 전시 관람 사이에서 사고회로 밖으로 나아가게 만들어준 건, 모임과 동료들이었거든요.

나의 감상은 무엇이 될까?

전시와 작품에 대해 사람들이 대화를 나누는 일은 감상을 깊게 할 수 있다는 개인적인 효용도 있지만 그보다 큰 의미가 생겨요. 왜냐하면 다양한 이야기가 나올 수 있게 되면 사람들이 작품을 반복해서 살피게 되거든요. 큐레이터나 도슨트는 말과 글을 정리해서 한정된 상황 안에서 가장 효과적으로 전시와 작품의 메시지를 전달하기 위해 노력합니다. 그리고 그 내용은 사람들에게 닿게 되고요. 전시를 만드는 사람들, 전하는 사람들은 전시를 통해 많은 사람들이 충분히 감상하고 대화하기를 바랍니다. 같은 전시를 공유하는 일은 전시를 만들고 전달하는 입장에서 참 반가운 일입니다. 많은 사람들과 같은 전시를 봤다는 건 그 전시와 전시물이 좋다는 평가가 될 수도 있고요. 더 많은 사람들에게 호응 받을 기회가 됩니다. 사람들을 만날수록 전시물의 영향력과 의미는 더 공고해지고, 감상을 덧붙이는 일은 개인에서 사회로 의견이 멀리 넓게 확장되는 모습이라고도 할 수 있어요.

전시를 보면 전시가 정해주는 내용을 익히고 싶어집니다. 전시장에 위치한 전시물과 해설은 어쩐지 중립적이고 객관적이라는 착각을 하게 됩니다. 하지만 세상에 완벽히 중립적인 언어라는 것이 있을까요? 저는 요약과 강조는 이미 편향적이라는 생각을 했어요. 전시를 곧장 인정하고 수긍하는 일 말고도 다른 반응이 있다는 걸 확인하고 싶어요. 그러기 위해서라도 사람들이 필요합니다. 내가 나다운 감상을 표현하는 과정에서 작가나 전시의 공식적인 허락이나 인정은 부차적인 일입니다. 하지만 아마 우리가 나누는 말은 대체로 완전하고 완결된 감상보다는 하나의 의견 조각에 가까울 거예요. 동시에 내가 가진 생각 전체를 털어낼 수는 없겠지만, 우리는 대화를 통해 또 다른 이야기를 만날 수 있습니다. 하나의 전시와 작품도 무수한 갈래로 나뉘어 이해될 수 있다는 사실을 서로를 통해 살필 수 있으면 합니다. 매끄럽고 긴 문장으로 의견을 내놓을 수 있다면 좋겠지만, 내 옆의 동료들과의 대화가 늘어난다면 차차 분명해지지 않을까요? 놀랍게도 함께 이야기를 나누다 보면 헤매는 경험조차도 하나의 풍경으로 완성됩니다. 전시장에서 느낀 것을 사람들과 나누는 일은 꼭 영화 속 한 장면 같기도 합니다. 새삼 그 장면 안에서 직접 대사를 하고 있다고 생각하면 기분이 좋습니다. 저는 함께 전시 보는 일이 먹고사니즘에 매몰되지 않고 쓸모없는 것들을 누리는 일이 되었으면 합니다. 그래서 더 많은 사람들이 자신을 미워하지 않고 계속해서 좋은 사람, 멋있는 사람이 되고 싶어 했으면 합니다. 이 과정을 통해 만들어지는 것은 수준과 교양이 '높은 사람'이 아니라 경험과 이해의 폭이 '넓은 사람'이라고 믿습니다. 전시를 통해 능숙하게 타인을 믿을 수 있고 자신이 가진 이해심을 타인에게 비출 수 있는 사람, 자신과 타인을 잘 존중할 수 있는 말과 마음을 갖춘 사람이 많아진다면 좋겠어요.

사람들과 감상 나누는 법

전시장 앞, 베이스캠프 만들기

함께 모여서 이야기할 장소를 정합니다. 정해진 시각이 되면 돌아올 물리적, 정서적 베이스 캠프를 만듭니다. 이곳은 함께 그릴 기억의 궁전의 시작점이 되기도 합니다. 개인적으로 전시장 출구 혹은 입구에 가까운 의자가 있는 곳을 선호합니다. 각자 전시 관람의 시차가 있기도 하고 체력이 상이하므로, 대기할 수 있는 장소를 선택합니다. 화장실이 어디 있는지, 짐을 맡길 곳은 어디에 있는지, 좀 더 나아가 아트숍이나 카페테리아, 자료실의 위치를 확인해 보고 서로에게 인지시켜 주는 것도 좋습니다. 그러면 각자가 자유 관람 시간을 정말 자유롭고 유용하게 활용할 수 있으니까요. 베이스캠프를 정하고 준비를 마쳤다면 인쇄물을 챙겨 들고 전시실 입구로 입장합니다.

1회차, 전시 서문 읽고 둘러보기

아무리 작은 규모의 전시라도 전시 서문은 있습니다. 다른 글은 건너 뛰어도 되지만, 전시장 가장 앞쪽에 있는 전시 서문은 반드시 읽기를 권유합니다. 공간 읽기는 문자 언어를 읽을 때보다 더 많은 관찰력을 요구합니다. 정리가 잘 된 전시 서문은 전시를 효과적으로 포괄하고 흥미로운 지점들을 제시합니다. 가능하다면, 전시실 도면을 촬영하는 것을 추천합니다. 인쇄물에 포함되어 있다면 가장 좋고, 그게 아니라도 화재 대피 안내도가 전시실 입출구에 부착되어 있으니 확인해 봅니다. 첫 번째로 전시를 감상할 때는 관람 시간이 최대 30분이 넘지 않도록 전시실 전체 분량을 살핍니다. 이때는 사진 촬영은 지양하고 각자의 감각으로 첫 번째 느낌을 가질 수 있도록 노력합니다. 각자 동선을 살펴보는 것도 좋고, 동행자와 천천히 전시물을 건너가며 대화를 나눠도 좋습니다.

2회차, 역할 분담해서 영역 살피기

두 번째로 전시장을 볼 때는 전시의 제목과 전시장의 세부구획을 살핍니다. 이 과정이 꽤 시간이 걸리기 때문에 2회차부터는 사람들과 영역을 분할하면 효율적입니다. 각자가 볼 전시 영역을 분할해서 기획자가 가장 신경 쓴 부분을 찾아봅니다. 전시실 도면이 있다면 전시실 도면 위에 메모하며 영역마다 연출을 확인하고 기입합니다. 정해진 시간 30~40분 안에 다른 이에게 전시를 소개할 수 있도록 전시를 분석하고 1~2개의 전시물을 오래 살펴봅니다.

3회차, 동행자의 안내와 감상 함께하기

정해진 시간에 정해둔 베이스캠프 혹은 전시실 입구에 함께 모여서 순차적으로 전시를 봅니다. 자신이 담당한 영역에서 기획자의 연출과 개인적인 소감을 공유합니다. 여기에 VTS 기법을 활용하여 하나의 전시물을 깊게 관찰해 보고 파생된 이야기를 나눕니다. 그런데 이렇게 감상을 위한 추가

질문까지 하다보면 시간이 너무 오래 걸릴 수도 있어요. 전시실은 동선을 중심으로만 서로 소개하고 감상은 전시실 밖에 앉아 나누는 것도 요령입니다.

전시장 밖, 사진을 통해 감상 나누기

적으면 3장, 많으면 5장을 선택해서 채팅방에 사진을 공유합니다. 돌아가면서 해당 전시물을 선정한 이유를 나눕니다. 설명을 듣고 대화를 나누다 보면 감상자의 취향이 드러납니다. 어떤 이는 유독 작은 물건을 좋아한다거나 어떤 색상을 좋아할 수도 있고요. 특정 주제를 다루는 것을 좋아하는 경우도 있습니다. 전시물을 우회하여 서로를 읽어내는 질문들도 던지다 보면, 전시장의 경험은 나의 삶과 연결이 됩니다. 대화를 나눌 때는 전시에 대한 전체적인 인상을 공유해 보는 것도 좋습니다. 어떤 점이 강점인 전시였는지, 아쉬운 부분이나 새롭게 알게 된 사항은 무엇인지 대해서도 되짚어봅니다. 그리고 서로를 통해 발견한 부분이 있다면 꼭 서로에게 알려줍니다. 그러면 대화 분위기도 좋아질 거예요. 즐거운 감정도 입 밖으로 표현해주세요. 전시를 함께 보는 사이는 참 특별하지 않나요? 전시를 보러가도록 만드는 강한 동력은 동료와의 약속입니다. 얼굴만 봐도 기쁜 이들과 밥 먹고 차 마시는 것도 좋지만, 매번 새로운 주제와 관점으로 대화를 나누는 특별한 사이가 되어보는 건 어떨까요?

혼자 가서라도 누군가와 이야기하고 싶다면

동행자가 없어도 전시와 관련한 대화를 나눠보고 싶다면, 전시실 내부 안전요원이나 도슨트 분들에게 말을 걸어볼 수도 있습니다. 대화할 때는 정답을 알려 달라는 태도보다는 궁금한 지점을 먼저 공유하고, 상대의 의견은 어떤지 묻는 것이 좋습니다. 실제로 일반 관람객들보다 관람한 시간이 물리적으로 훨씬 긴 사람들이니, 흥미로운 답변을 얻을 수도 있을 거예요.

03

리뷰 쓰기에 도움이 되는 습관

인용하기

'진짜' 인용은 나의 경험과 함께 있어야 한다

인용은 하는 순간 일단 이 세계에 나와 같은 생각을 하는 존재가 더 있다는 것을 외치는 일입니다. 인용을 한다면 나의 의견과 생각에 대한 의심을 낮출 수 있습니다. 평소 좋은 문장을 마주하고 감탄한다고 해도 그건 나와는 크게 상관없는 일이 되고는 합니다. 어제 봤던 그 좋은 문장이 지금은 기억나지 않는 것처럼요. 좋은 문장을 잊지 않고 기억하려면 문장과 나 사이에 경험이 생겨야 합니다. 그럴 때 '진짜' 인용이 됩니다. 내 눈앞의 전시물에 품어왔던 문장을 붙인다면? 그 문장은 나의 것이 됩니다. 전시물의 문장은 나의 감각을 뻗어내기 위해 접붙인 가지가 됩니다. 전시에서 마주한 전시물을 통해 나의 경험은 지금 여기에 뿌리를 내리고 문장으로 싹을 틔웁니다. 감상은 쑥쑥 클 수 밖에 없죠.

전시장 안에서 찾는 인용

그렇다면 어떤 것들을 인용할 수 있을까요? 책이나 영화에서 만난 문장들을 인용할 수 있을 겁니다. 하지만 인용은 꼭 멀리서 찾을 필요는 없습니다. 전시장에서 만난 글귀로부터 시작될 수도 있고 내 옆 사람의 말이 될 수도 있습니다. 전시장으로부터 먼 곳에서 가져온 인용은 전시가 세상 밖으로 뻗어나가도록 하는 인용이 되고 전시장 가까운 곳에서 가져온 인용은 전시를 통한 감상이 영글도록 하는 데 도움이 됩니다. 특히 전시 서문, 전시물 안내문, 인쇄물 같이 전시장 안에서 찾을 수 있는 문장을 재인용하기는 유용합니다. 함께 자리한 사람들 역시 원문을 읽었거나 읽을 수 있으므로 설득이 수월합니다. 만약 전시에서 인용할 문장을 찾을 수 없다면, 전시를 함께 본 사람들의 문장을 인용해 보는 것도 좋습니다.

대화 중에서 나의 머릿속에 남아 있는 대화를 꺼내어봅시다. "○○님의 의견이 좋았어요. 공감 갔어요"라고 말한다면, 상대방은 지금 안전하다는 느낌을 받을 수 있습니다. 개인적으로 좋아하는 방식입니다. 아주 효과가 좋으니 타인의 감상에 귀를 기울이고 반복하면서 공감해 보셨으면 합니다.

전시장 밖에서 찾는 인용

전시장 밖에서 가져온 인용도 물론 훌륭합니다. 다만 준비가 필요하죠. 부지런히 내 마음 같은 타인의 문장을 품고 있는 일도, 이를 때에 맞게 꺼내는 일도 고난이도의 일이거든요. 이런 숙련된 인용을 하는 사람들은 대체로 자신만의 경향성이 있습니다. 우리가 취향이 있는 사람들이라고 부르는 사람들일 텐데요. 꼭 전시가 아니어도 영화, 책, 음악, 공연 심지어 문화예술을 넘어 무엇이든 나름의 분야를 샅샅이 살핀 사람들, 배우고 익히고 실험하는 과정을 통해 자연스러움이라는 강력한 질서와 편향을 갖고 있는 사람들입니다. 함께 감상을 나누는 사람이 능숙하게 전시장 밖의 인용을 한다고 해서 주눅들 필요는 없습니다. 이들 역시 배우는 중입니다. 전시장 안에 있는 사람들로부터 재인용을 받는 즐거움을 누릴 수도 있고, 자신이 분명하게 믿어왔던 것을 새로이 보게 되는 경험을 마주할 수도 있습니다. 내가 갖고 있는 이 믿음과 배움이 국지적인 지식인지 범용 지식인지, 누구에게 불편한 지식이고 유용한 지식인지도 확인할 수 있습니다.

나의 세부사항을 말하는 자기 인용

혹시 나는 인용 같은 건 못할 거라고 미리 포기했나요? 너무 두려워하지 않았으면 합니다. 자기 인용도 있습니다. 자신의 세부 특징을 잘 아는 건 충분히 멋지죠. 자기 인용의 놀라운 점은 내가 무엇으로 살아가는 사람인지가 더 명확하게 보인다는 점입니다. 내가 살아온 수십 년의 시간을 끌어와서 지금 이 전시와 접붙인 것은 무엇인지, 나도 모르게 쏜살같이 튀어나온 것이 무엇인지 꺼내 놓지 않으면 영영 모를테니까요. 내가 꺼내 놓은 이야기는 대화를 통해, 대화의 상대가 없다면 스스로에게 하는 내적 대화를 통해 당연했던 나의 기억과 믿음 체계를 재구성합니다. 제가 제일 좋아하는 인용은 자기 인용입니다. 누구나 타인에게 새로운 영역입니다. 당신은 누군가에게는 어디서도 만나볼 수 없는 사람이니까, 전문적이어야 한다는 부담은 덜어내고 이야기에 참여해 보셨으면 합니다.

인물과 나를 연결해 보기

한 사람으로부터 시작되는 이야기

한 사람으로부터 시작되는 이야기를 좋아합니다. 아무리 복잡한 과정이라도 한 인물이 통과한 궤적을 하나씩 떼어 살펴보면 이해하기가 쉽더라고요. 기왕이면 그 한 사람이 저와 비슷하면 더 이해하기도 쉽고 적용했을 때 효과가 좋습니다. 무언가를 만들어내고 있는 사람의 결과물 전체를 샅샅이 살피는 과정을 의도적으로 시도해 봅니다. 좋아하는 가수의 앨범을 처음부터 끝까지 들어보고, 한 배우나 감독의 영화를 따라가면서 무엇이 좋고 싫은지 파악하는 것처럼요. 자꾸만 내 눈에 들어오는 어떤 작가, 비평가, 기획자의 활동을 꾸준히 추적하고 살피는 것은 큰 공부가 됩니다.

나와 같은 결점을 가진 인물 찾기

누구를 고를지는 순전히 자신의 선택이지만, 개인적으로 팁을 드린다면 해당 인물과 자신과의 사회문화적 배경을 살펴보고 공통점이 있는지 확인하면 좋습니다. 어떤 부분은 약하고 이상할수록 신뢰가 갑니다. 자신이 이입될 만한 시작점, 대체로 결점이 비슷한 것이 있다면 그건 실천적인 지식이 됩니다. 행동으로 옮길 수 있는 학습이 되고 지식의 유용성을 높일 수 있습니다. 그 사람은 어떤 맥락에서 무슨 캐릭터를 갖고 있는지 파악해 봅니다. 그렇다고 그대로 수행하는 것이 아니고요. 차이와 다름을 확인하면서 세계를 보는 시선을 복잡하게 만들어봅니다. 한 사람으로 시작하지만 거기서 끝나서는 안되고 끝나지도 않습니다. 자아의탁을 여러 축으로 만들면 제법 넓은 폭으로 전시와 작품을 횡단할 수 있습니다. 내가 사실은 어떤 역사의 첨단에 서 있는지 확인해봅니다. 일종의 메타인지처럼요. 그래서 저는 영웅 같은 사람보다는 결점 있는 인간형에 더 많이 이입하게 됩니다. 하지만 너무 유사한 결점을 갖고 있는 사람을 따라가다 보면, 예상과 달리 마음이 지치는 경우도 있습니다. 그러면 잠시 그 인물을 따라가기를 쉬는 것을 추천합니다.

의도된 지연, 충분한 시간 갖기

감상 활동을 잠시 멈추는 의도된 지연은 좋은 감상을 만드는 데 큰 도움이 됩니다. 최소한 멈추었던 순간으로부터 과거와 자신과의 관계를 다시 살펴볼 수 있습니다. 자신이 서 있는 곳에서 어떤 면을 집중해서 관찰했는지 타인처럼 바라보게 되기도 합니다. 시간이 지나면 다른 방식으로 과거를 살피거나 수용할 수도 있습니다. 혹은 타인에게 배운 것을 나에게 적용하면서 적극적으로 변화를 이끌어 내기도 합니다. 나의 약한 부분을 끌어안고 또 나와 비슷한 존재를 살피고 혹은 내가 이해할 수 없는 것들도 더 긴 호흡으로 종종 살펴보는 것도 좋습니다. 박물관에서 전시를 보며 익히는 것은 나의 감각을 잘 느끼고 수용하는 방법입니다. 내 일상에서 나답게 살 수 있도록 균열을 내고자 하는 것입니다. 세상의 기준에서 틀린 나를 교정하는 것이 아니라 다르게 느끼는 나를 존중하기 위해서도 약한 나와 타인을 너무 미워하지는 않았으면 합니다. 감상을 쌓아나갈수록, 의도된 지연이 반복될수록 복잡한 현실의 겹을 읽어낼 수 있는 사람이 되길 바랍니다. 이 세계를 바라보며 복잡한 것들 사이에서도 아름다운 것을 더 많이 찾아낼 수 있는 안목 있는 사람이 되시기를 바랍니다.

주변 사물에게 말 걸어보기

박물관에서 일상으로

박물관에서 얻은 통찰을 일상으로 확장해 주변의 사물들을 다시 한 번 바라봅시다. 우리는 박물관 전시 기획자처럼 집과 방을 구성할 수 있으며, 우리 곁의 사물들 또한 단순한 객체뿐만은 아닙니다. 모두 각각의 의미와 이야기를 담고 있습니다. 주변의 사물을 새롭게 바라보는 것은 새로운 물건을 사는 것만큼이나 골똘히 생각해 볼 지점이 많습니다.

내 주변의 사물 다시 보기

주변 사물과의 대화는 우리가 무엇을 소유할지, 어떤 이야기를 만들어갈지 고민하게 합니다. 이미 곁에 있는 사물들과의 관계를 재조명함으로써 우리는 삶을 더욱 풍요롭게 만들 수 있습니다. 과거와 현재의 이야기에 호기심을 가지고 사물에게 말을 걸어보세요. 그들은 우리에게 새로운 이야기를 들려줄 준비가 되어 있습니다. 이미 존재하는 사물들이 어디서부터 왔고 왜 내게로 왔는지를 생각해 보는 것만으로도 그들과의 관계를 새롭게 정의할 수 있습니다.

n번째 주인을 만난 사물의 이야기

'n번째 주인을 만난 사물'들은 그 자체로 이야기를 품고 있습니다. 빈티지, 중고, 나눔물품 등은 이전 주인의 흔적과 이야기를 간직하고 있으며, 우리는 그 이야기의 연장선에서 그 사물들을 사용하게 됩니다. 이러한 물건들은 단순한 소비재가 아니라 나와 타인, 그리고 사물 간의 관계를 새롭게 구성해 줍니다. 사연이 담긴 사물들을 통해 과거의 흔적을 받아들이고, 이를 기반으로 나만의 이야기를 만들어갈 수 있습니다. 나다운 취향은 완벽한 것이 아니라 결점과 과거의 이야기, 그리고 앞으로 하고 싶은 것들을 포함하는 것입니다. 우리는 좋아하는 것을 선택하고 편집하며 나만의 공간을 만들어가지만, 동시에 우리의 흠결도 수용해 단단하고 뿌리 깊은 취향을 형성합니다. 이는 겉으로 보이는 매끄러운 모습뿐만 아니라 내면의 복잡함과 결점을 포용하는 성숙한 취향을 의미합니다.

선택과 수집으로 만들어가는 이야기

우리는 일상 속에서 사물들과의 관계를 새롭게 정의하고 의도적으로 그 관계를 형성해 나갈 수 있습니다. 우리의 감정과 욕망은 무한히 확장되지만 시간적, 공간적, 재정적, 체력적 한계 속에서 우리는 최선의 선택을 하고 그 선택을 바탕으로 취향과 공간을 끊임없이 수정해 나갑니다. 사물을 선택하고 곁에 두는 과정은 우리의 삶을 다시 돌아보게 하며, 기존의 이야기를 수정하고 새로운 이야기를 덧붙이는 기회가 됩니다. 주변 사물들과의 관계를 재조명함으로써 우리의 삶은 더욱 풍요로워질 것입니다.

현실을 다시 박물관으로 옮기는 수집가

무엇이 중요한지 더하고 빼다 보면, 어느새 수집가의 칭호를 얻으실 수 있을 겁니다. 꼭 예술작품이 아니더라도 탄탄한 주제와 이유로 축적되었다면 박물관은 그 물건을 이 시대와 사회를 포착하는 물건으로 인식해 줄 겁니다. 혹시 모르니 주변 박물관 홈페이지에서 소장품 구매 품목에 나의 수집품이 해당되는지 확인해 보셔도 좋겠네요.

소중함과 중요함은 만들어집니다

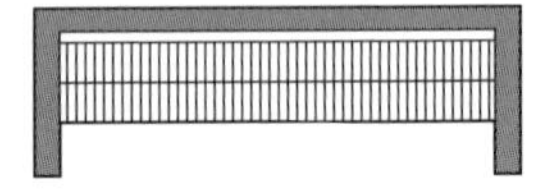

성북동에 위치한 '혜곡최순우기념관'에서 근무한 적이 있습니다. 저는 이곳이 좋습니다. 지난 직장에 대해 구구절절 좋아하는 이유를 말할 수 있다는 건 행운이죠. 지금부터 무엇이 왜 좋은지 하나씩 말씀드려볼게요. 이곳은 박물관이기도 하지만, '최순우 옛집'이라는 이름으로 등록된 문화유산이기도 합니다. 이 집은 미술사가이자 국립중앙박물관 4대 관장을 지낸 혜곡 최순우 선생이 평생 쌓아온 안목으로 가꿔둔 장소입니다. 최순우라는 이름이 어색할 수도 있겠지만, 어쩌면 『무량수전 배흘림기둥에 기대서서』(학고재, 2008)이라는 책의 제목이 익숙하실 수도 있습니다. 제가 아주 어릴 적, 한 예능 프로그램에서 이 책을 추천도서로 꼽으면서 많은 사람들이 누가 썼는지는 몰라도 들어는 본 책이 되었죠. 최순우 선생이 집필한 이 책은 우리 문화유산의 아름다움을 우리 글맛을 살려 표현한 문장이 많아 지금도 많은 사랑을 받고 있습니다.

개인과 가족의 삶이 남아있는 있는 한옥

저는 이 집이 살림집이었다는 것도 좋고, 박물관이 된 것도 좋습니다. 별게 다 좋은가요? 이 한옥은 궁궐도 아니고 종교 건축도 아닙니다. 본래 용도가 살림집인 집이라서 한 가족의 생활감이 곳곳에 녹아 있습니다. 꼭 지켜야 할 규칙이나 예법을 대신해서 살면서 '적당히'라는 어려운 요구를 소화합니다. 생활이 편하면서도 아름다울 수 있도록, 또 청소와 관리가 감당할 수 있는 수준으로 가꾼 집. 그 어려운 요구를 이렇게 저렇게 소화해 낸 균형감이 이런 모습으로 나타날 수 있겠다 싶어요. 이 공간이 박물관인 것도 좋습니다. 요새 공간을 누리는 행위도 하려면 다 돈이잖아요. 하지만 이곳에서는 한참을 앉아 있어도 별 눈치도 안 받고 공간을 누릴 수 있습니다. 시민문화유산으로 무료 개방하는 곳이니 마음이 편합니다. 저는 앞으로도 평생 시민일 테니, 계속해서 이곳에 올 수 있겠죠? 그래서 좋아요. 여기 계속 올 수 있다고 하니, 이곳은 저의 장소입니다.

한 사람의 일생으로부터 시작된 이야기

혜곡 최순우의 삶을 통해서 제가 여기에 어떻게 있을 수 있는지 알게 되어서 좋습니다. 최순우라는 인물의 삶을 살펴보다 보면 한국의 박물관이 어떤 모습과 어떤 사람들을 통해서 만들어졌는지 알게 됩니다. 덕분에 박물관이라는 세계에 초대받았다는 착각이 듭니다. 당대의 예술가와 교류하며 살아 있는 전통, 공예, 한국미라는 것을 만들어간 행보도 너무나 좋습니다. 자신이 알게 된 것은 글로 꾸준히 남긴 것도요. 박물관 안팎에서 많은 것을 살피고 매번 그 기록을 글로 남기던 부지런한 모습을 닮고 싶다는 생각이 듭니다. 박물관을 장르와 위계로 경계짓지 않고 소속감이 드는 울타리로 만들고 다양한 사람과 영역을 포괄했다는 인상을 갖게 되거든요.

소중하다고 생각하기 때문에 문화유산이 된 집

이곳이 지켜지게 된 일화도 있습니다. 누군가 작업실을 구하기 위해서 알아본 한옥이 최순우 선생의 집인 걸 알게 된 후 시민과 기업들의 성금을 모아 지켰다는 사연이 있다는 사실이 놀라워요. 문화유산이라서 소중함을 끼워 맞추는 것이 아니라 소중하다고 생각했기 때문에 문화유산이 된 집이라니. 많은 이들의 마음을 동하게 했기 때문에 문화유산이 될 수 있었던 거잖아요. 조건이 아니라 필요에서 시작하고 결국 소중한 것을 지킬 수 있게 된 과정이 이 집에는 녹아 있습니다. 그러니 이 집은 다양성의 가시화가 아닐까요? 마음과 태도로부터 중요함을 판단하는 기준을 만들었으니까요. 저는 시민문화유산 이야기를 들으면 힘이 납니다. 계속해서 살피고 말하고 글쓰는 일이 결국에는 현실이 된다는 사실을 믿게 만드니까요. 이런 이야기들이 저를 자꾸만 움직이게 합니다.

PART 4

박물관

찾아가기

01

국립중앙박물관에서 〈달항아리〉를 만나다

《분청사기·백자》 전시실 둘러보기

전시를 보러 가는 날

저에게 전시를 보기 가장 좋은 시점은 여유가 있을 때입니다. 잘 먹고, 잘 자고 나서 무언가에 파고들 호기심이 생기면 오래 기억될 감상을 남기게 됩니다. 그런 점에서 좋은 감상을 만드는 조건은 장소가 아니라 타이밍일지도 몰라요. 그래서 매번 새로운 소식을 따라 숙제처럼 전시를 보는 것도 선호하지 않습니다. 물론 전시를 기다렸다가 때맞춰 보러 가는 즐거움도 있지만, 내가 준비가 되었을 때 보러 가는 전시가 제일 오래 남더라고요. 전시보다 제 삶의 흐름이 중심이 되니까, 전시를 보러 가는 날에는 원래 알고 있는 전시 공간을 중심으로 그날 볼 수 있는 기획전이나 다시 보고 싶은 상설전을 보러 가게 됩니다. 그런 점에서 국립중앙박물관은 거의 실패 없는 선택일 때가 많습니다. 우리나라에서 규모적으로 가장 큰 박물관이기도하고, 우리나라를 대표하는 박물관이라서 국제적인 규모의 대형 전시와 작은 기획전이 수시로 열리고 있죠. 대신 이렇게 크고 유명한 박물관은 사람들이 많이 몰리기도 하니까 아침 일찍 가는 것을 선호합니다. 전시를 보기도 전에 지치면 억울하잖아요. 같은 전시, 같은 비용을 지불하더라도 평일 오전을 노리면 전시 경험이 훨씬 좋습니다. 아니면 저녁 6시 이후에도 전시를 운영하는 수요일과 토요일도 좋습니다. 혹시 모르니 방문 전에 개관일, 운영 시간은 꼭 체크해 보세요.

이동하며 정보 탐색하기

제가 살고 있는 곳에서 서울 용산구에 위치한 국립중앙박물관까지 이동할 때는 대중교통을 이용합니다. 환승이 필수라서 버스나 경의중앙선보다는 대기 시간이 비교적 짧은 4

호선 지하철을 선호합니다. 편도로 한 시간 정도 걸리는데, 이동하면서 어떤 전시가 열리는지 검색을 합니다. 공식 홈페이지나 SNS에 접속해서 어떤 전시를 하고 있는지 확인하고, 포털 사이트 검색 창에 전시 제목을 입력합니다. 가장 접근성이 좋은 정보는 블로그 리뷰입니다. 부지런한 블로거 분들이 사진과 함께 관련 자료 링크들까지 정리해 두어서 엄지손가락으로 스크롤을 내리며 블로그 글 2~3개 정도를 가볍게 살펴보면 전시에 대해 대략적으로 파악할 수 있습니다. 여기에 잡지에 실린 글이나 뉴스 기사도 읽으면 어떤 흐름과 강조가 된 전시인지 확인이 더 쉽습니다. 그리고 개인적으로 추천해 드리는 정보는 '보도자료'입니다. 보도자료는 일반적으로 신문이나 잡지 등의 매체에서 정보를 쉽게 보도할 수 있도록 미리 내용을 정돈한 자료입니다. 문서파일과 사진파일이 함께 제공되어서 사실 핸드폰으로 살펴보기는 번거롭지만 기관에서 공식적으로 외부에 알리고 싶은 정보를 추려 놓은 파일이라서 일종의 '공식 요약본'이라고 볼 수 있습니다. 여기에 고화질로 사진 작가분들이 찍은 전시실 사진 혹은 전시실에서는 찍을 수 없는 작품의 고화질 사진이 포함되는 경우가 있습니다. 전시의 감동을 길게 갖고 싶으면 저장을 해두는 편입니다. 또 보도자료는 관련한 행사, 프로그램, 기념 상품과 굿즈, 자료집 등 전시 이외에도 추가적인 연계 활동을 정돈해 놓은 경우가 많습니다. 타이밍이 맞아서 강연이나 도슨트를 참여할 수 있죠. 그렇게 정신없이 정보를 읽고 지하철 창문 밖으로 한강을 살피고 하다 보면 국립중앙박물관이 위치한 이촌역에 도착합니다.

이촌역에서 박물관까지의 풍경

이촌역에 도착하면 사람들은 대체로 2번 출구로 몰립니다. 박물관으로 가는 통로가 있는 출구거든요. 사람들이 움직이는 흐름을 따라 2번 출구로 가면 지상으로 도착하기 이전부터 박물관에 와있다는 사실을 알 수 있어요. 지하철과 출입구 사이의 통로가 긴 편인데, 두 개의 에스컬레이터가 이어져 배치되어 있습니다. 느긋한 속도로 에스컬레이터를 타면 벌써 박물관에 도착한 것 같기도 합니다. 냉온습도를 맞춘 환경과 은은한 배경음악, 통로 벽면에는 조명과 함께 유명한 문화유산의 실루엣을 딴 조형물이 배치되어 있습니다. 통로 끝에는 유리문이 있습니다. 이 유리문을 밀고 나가면 야외로 통하는 가파른 계단이 나옵니다. 물론 에스컬레이터도 있어요. 지상으로 나오면 하얀 전돌이 깔려 있는 광장이 있습니다. 전방에서 약간 왼쪽을 보면 멀리 박물관 본관이 보입니다. 광장을 가로 질러 박물관으로 걸어갑니다. 얕은 오르막을 따라 10분 정도 걸으면 건물에 도착합니다. 가까워질수록 커다란 건축물의 위용이 느껴집니다. 창문처럼 뚫려 있는 건물 중앙에 남산타워가 보이는 걸 보면, 이 또한 서울의 명장면이라는 생각이 듭니다. 건물 가까이 오면 오른편과 왼편으로 문이 있습니다. 왼편은 대체로 유료로 진행되고 있는 특별전의 매표소와 전시실 입구가 있습니다. 상설전시는 오른편의 문으로 들어갑니다. 유리로 되어 있는 이중의 자동문을 통과하면 천정이 높은 원형 로비가 등장합니다. 여기서부터는 박물관 특유의 냄새가 나는데요. 저에게는 이것이 국립중앙박물관을 생각나게 하는 후각 자극입니다(전시물 보존처리를 위한 약품 냄새가 아닌가 싶어요). 로비 중앙에는 여러 개의 벤치가 있습니다. 벤치 왼편으로는 물품보관함과 아트샵이 있습니다. 오른편으로는 전시실로 들어가는 통로와 안내데스크가 있습니다. 차례로 물건을 보관하고 데스크에서 인쇄물을 살핍니다. 자료를 챙겼다면 이제 전시실로 이동합니다. 《분청사기·백자》 전시실은 3층에 위치하고 있으니, 통로 오른쪽에 있는 에스컬레이터를 타고 3층으로 이동합니다.

전시실 입구

전시실 입구에는 세로로 《분청사기·백자》라고 쓰여 있습니다. 오른편으로 돌아서면 여기서부터 본격적인 전시 관람이 시작됩니다. 정면에는 전시 서문이 쓰여 있습니다. 꽤 긴 분량이라고 느껴질 수 있지만 전시 서문은 꼭 읽고 넘어갑니다. 촬영을 해두는 것도 좋습니다. 국립중앙박물관 상설전시실은 전시실 별 인쇄물이 있는 것이 아니기 때문에 사진 찍어두면 다시 찾아 읽기에 좋습니다. 다시 동선으로 이동하면 앞서 청자관과 이어지는 통로에 전시 도면이 적혀 있습니다. 공간은 크게 5개로 나뉘어 있습니다.

1부 조선의 건국과 새로운 도자 문화, 사기장의 공방, 2부 관요 설치 이후 조선 도자기, 3부 백자로 꽃피운 도자문화, 4부 조선 백자의 대중화와 마지막 여정입니다. 내용 측면을 다시 살피면 1부부터 4부까지는 시간의 흐름에 따라 이어집니다. 1부와 2부는 조선 건국 이후 15~16세기까지 분청사기와 백자로 시작된 도자 문화를 전시했고, 3부와 4부는 16세기 말 이후 지속된 전쟁으로 인한 백자 생산의 변화, 그리고 18세기 경제력의 상승과 대외 교류로 번성한 청화백자 문화, 이후 19세기 상업화된 시장 상품으로 등장한 다채로운 백자와 관요가 민영화되는 과정을 담고 있습니다. 위의 사항은 각 전시 공간마다 서문을 통해서 확인할 수 있습니다. 그리고 숫자가 붙지 않는 사기장의 공방은 도자기를 만드는 과정과 만드는 도공들에 대한 이야기를 담고 있으며 기능적으로는 휴게 공간이기도 합니다. 이제부터는 구획된 공간별로 연출을 뜯어보며 전시물을 살펴보겠습니다.

1부, 조선의 건국과 새로운 도자 문화

인식하지 못해도 이미 우리는 첫 번째 전시 동선 안에 있습니다. 첫 번째 공간은 중앙에 테이블형 전시대가 있습니다. 이어지는 통로는 두 개가 있습니다. 전시실 입구를 기준으로 정면으로 향하는 곳에는 휴게 공간을 겸한 '사기장의 공방'이 있고, 테이블형 전시대 너머에는 두번째 전시 공간인 '관요 설치 이후 조선 도자기'가 이어집니다. 전시실 4면에 모두 전시물이 배치되어 있습니다. 벽면은 질감 있는 백색으로 분청사기의 표면을 닮아 보입니다. 유물장 내부는 어두운 갈색의 금속 소재로 마감되어 있습니다. 철화색상 같기도 하고 거친 느낌도 초기 분청사기와 백자와 잘 어울립니다. 전체적으로는 차분한 인상이 강합니다.

청자 전시관과 가장 가까운 벽면은 분청사기가 왕실 도자로 사용되었다는 내용을 담고 있습니다. 그리고 좌우로 다른 내용이 펼쳐집니다. 한쪽 면은 분청사기에 만들었던 생산지와 이를 제공받는 관청의 명칭을 토대로 나라의 세금으로 분청사기를 거둬들였다는 사실을 보여줍니다. 또 다른 한쪽은 백자의 변천을 보여줍니다. 초기에는 노란 빛이 도는 백자에서 후기로 갈수록 푸르고 단단한 질감의 백자로 완성이 됩니다. 가운데에 있는 테이블형 전시대에는 같은 형태의 분청사기와 백자를 쌍으로 배치하면서 당대에 분청사기와 백자가 공존했던 모습을 보여줍니다. 또한 4면을 모두 둘러볼 수 있다는 장점을 살려 분청사기 중에서도 만듦새가 뛰어난 작업을 배치합니다.

사기장의 공방

창가 쪽으로 동선을 이동하면, 사기장의 공방으로 진입할 수 있습니다. 진행방향에서 가장 먼저 보이는 것은 전시물이 아니라 툇마루를 닮은 의자입니다. 길고 좁은 창에는 밝은 자연광이 들어옵니다. 창을 따라 일렬로 앉을 수 있는 자리가 배치되어 있어서 관람과 동시에 휴식을 취할 수 있습니다. 이 자리에 앉아서 공간을 살피면 정면에는 200개가 넘는 사발이 있습니다. 줄을 지어 전시되어 있는 사발을 만나면 반복적인 노동을 했던 이름 모를 조선의 장인들의 매일매일이 그려집니다. 공간 중앙에는 가마터에서 나온 파편과 요업 도구가 전시되어 있습니다. 그리고 그 시선 끝에 공간 가장 안쪽에는 현대의 장인이 영상에서 물레질을 하고 가마에 불을 올리는 장면이 재생됩니다. 영상 시청을 끝내고 뒤를 돌아보면 구본창 작가가 달항아리 사진을 찍은 작업 〈무제〉가 걸려있습니다. 과거의 사물을 동시대를 살아가고 있는 작가의 사진 작업을 통해 보는 일은 새롭습니다. 여전히 조선의 도자기는 현재에도 유효한 무언가를 주고 있다는 생각이 들기도 하죠. 저는 이렇게 과거와 현재의 시점이 교차하는 해석이 참 재밌습니다. 크지 않은 공간이지만 영상자료와 현대미술까지 함께 병치하면서 풍부한 내용을 담아내고 있습니다.

2부, 관요 설치 이후 조선 도자기

다시 시간의 흐름에 따라, 도자기의 변천을 살펴봅시다. 1부와 2부가 만나는 공간은 짧은 복도가 있습니다. 90도로 꺾이는 공간에는 시선보다 약간 낮은 위치에 6점의 정육각형 액자가 걸려있습니다. 얼핏 보면 추상회화 같은데, 잘 살펴보면 도자기의 표면입니다. 90도로 꺾이는 면을 기준으로 한쪽은 1부의 벽면 색상인 질감이 있는 흰색이고 한쪽은 아주 매끈하고 밝은 흰색으로 칠해져 있습니다. 명도와 질감의 차이는 있지만 밝은 벽면에 걸린 액자는 명상적인 느낌을 줍니다. 발걸음을 옮기면 밝은 조명과 밝은 벽면의 2부, '관요 설치 이후의 조선 도자기'에 대한 내용이 펼쳐집니다. 벽면과 유물장 모두 흰색에 가까워서 마치 화이트 큐브인 미술관처럼 보이기도 해요.

총 4면으로 이루어진 구성을 살펴보면 광주 도마리 가마터의 청화백자와 공주 계룡산 학봉리 가마터의 분청사기 발굴 자료를 시작으로 합니다. 그리고 이어지는 내용은 '다양한 분청사기가 백자의 형태로' 발전하는 모습을 연대기적으로 배치합니다. 세번째 벽면에는 '조선 백자의 품격 청화백자'라는 제목으로 다양한 청화백자들이 보입니다. 네번째 벽면에는 단 두 점의 도자기가 배치됩니다. 종종 유물이 교체되는 걸 보기도 했는데, 보통은 분청사기와 청화백자를 한 점씩 배치하는 편입니다. 유물장이 유물의 360도를 거의 전부 볼 수 있는 방식으로 배치되어 있어 도자기 중에서도 보물급 도자기가 자리하곤 합니다. 2부에서 3부로 진입할 때도 도자기의 표면을 확대해서 보여주는 방식을 취하는데요. 이번에는 액자가 아니라 영상으로 보여줍니다. 긴 모니터가 연결되어 있어서 왼쪽에서 오른쪽으로 긴 영상이 재생되거나 3분할로 화면이 전환되면서 분청사기와 백자의 표면을

보여줍니다. 육안으로 보는 것보다 훨씬 선명해서 그 자체로 감상에 도움이 됩니다. 화면 앞에는 두 개의 의자가 배치되어 있어, 오랫동안 감상할 수도 있습니다.

3부, 백자로 꽃 피운 도자문화

영상이 상영되는 긴 복도를 지나면 계속해서 새하얀 공간이 나옵니다. 이 전시에서 단일 유물로 가장 많은 영역을 차지하고 있는 달항아리입니다. 엄숙한 느낌이 들 만큼 시각적으로 고요한 이 공간은 한옥의 사랑방에서 비율을 가져오고 벽면은 모두 한지로 마감했습니다. 달항아리 뒤쪽으로는 감상을 돕고자 옛 그림을 바탕으로 만든 영상이 재생됩니다. 감상자의 가까운 곳에는 달항아리의 이름과 관련된 설명이 있는 영상이 있어 총 2개의 영상이 한 점의 도자기를 위해 배치되어 있습니다. 그리고 맞은편에는 의자가 배치되어 있어 일명 '달항아리 멍'을 할 수 있습니다. 의자 뒤편에는 가벽이 세워져 있어 달항아리를 위한 공간이 독립적으로 구성되었다는 느낌도 받습니다.

의자에서 일어나면 정면으로 또 유명한 도자기가 나옵니다. 백자 위에 철화로 끈을 그린 〈백자 끈 무늬 병〉입니다. 단 한 점을 위해 많은 조명들이 설치되어 있어, 큰 반사 없이 감상할 수 있습니다. 그 상태로 벽면을 따라가면 아주 어두운 유물장이 나옵니다. 가장 어두운 전시실이라고 느꼈는데요. 이는 주제와도 관련이 있습니다. 병자호란과 임진왜란 등 큰 전란 이후 백자를 만들기 시작했기 때문입니다. 일반적으로 청화로 그려야 할 용무늬 항아리, 용준(龍樽)이 철화로 그려진 것을 볼 수 있습니다. 청화가 수입을 통해서만 얻을 수 있었기 때문에 원료를 얻을 수 없는 상황이라는 걸 도자기를 통해 알 수 있는 것이죠. 평소 청화로 그려진 도자기들은 맞은편에 전시되어 있습니다. 크기가 서로 다르고 시기도 다른 용의 그림을 볼 수 있습니다. 그리고 두 용준 사이에는 '청화백자에 담긴 왕실과 문인의 취향'이라는 주제로 문인화나 시가 함께 그려진 도자기들을 살펴볼 수 있습니다. 가장 밝은 달항아리 전시관과 가장 어두운 전시공간이 3부에 같이 배치되어 있다는 점도 재밌는 포인트입니다.

4부, 조선 백자의 대중화와 마지막 여정

3부에서 4부로 이어지는 동선은 아주 짧습니다. 벽면의 색상은 3부보다는 조금 밝은 회색이 사용되고 중앙에 배치된 테이블형 유물장에는 작고 오밀조밀한 도자기가 배치되어 전체적으로 낮고 편안한 느낌이 나타납니다. 4부는 '조선 백자의 대중화와 마지막 여정'이라는 제목을 달고 조선황실의 마지막 도자기, 새로운 취향의 백자 제작의 다양화, 행복의 염원을 담은 청화백자, 조선 도자기가 지나온 길을 차례로 보여줍니다. 국가의 직속으로 일했던 관요가 사라지고 점차 그 자리를 민간의 도공들이 차지하는 과정을 볼 수 있는데요. 왕실의 위엄을 보여주던 지난 도자기들과 대비하면 크기는 작아지고 색상은 대담한 모습을 보입니다. 관요의 입장에서는 마지막이라는 점에서 아쉬운 결말인가 싶은데, 또 다양한 사람들의 욕구가 반영되어 나타나는 다종의 도자기를 보면 자연스러운 결말인가 싶기도 합니다.

4부의 가장 안쪽에는 전시 흐름과 상관없이 흰색 가벽 뒤쪽에 별도의 유물장이 하나 더 있습니다. 여기는 상설전 안에 기획전 공간이라고 부를 수 있습니다. 때에 알맞은 기획들이 종종 변화해서 이곳을 채우는데요. 그래서 전체 전시의 흐름은 같지만 매번 다른 디테일을 주기 위한 모습도 확인할 수 있습니다. 그리고 전시장 출구 앞에는 마지막으로 손으로 만질 수 있는 실물 달항아리가 배치되어 있습니다. 이 만질 수 있는 달항아리가 있는 가장 첫번째 목적은 시각장애가 있는 분들의 관람을 보조하기 위함인데요. 덕분에 다른 관람자들도 유리 없이 실물 도자기를 직접 만져볼 수 있습니다.

세심함이 돋보이는 연출

2021년 2월, 《분청사기·백자》 전시실이 개편을 끝나고 처음 방문했을 때 큰 감탄을 했던 기억이 납니다. 박물관을 자주 방문하는 저도 상설전시는 '와우 포인트'가 없는 전시라고 생각하며, 연출에 대한 감탄은 반쯤 포기한 상태였는데 말이죠. 반복해서 전시를 볼수록 디테일이 보였습니다. 연출이 강한 전시를 좋아하는 편이라서 아무래도 개별 전시물이 훌륭한 국립중앙박물관은 연출에 소홀할 수밖에 없지 않을까 했던 선입견을 없앤 전시고요. 도자기의 멋을 살리면서도 전시의 메시지를 유도하는 은은하고 탄탄한 장치들이 좋았어요. 안내데스크에서 받을 수 있는 별도의 상시 인쇄자료는 없지만 보도자료, 유튜브, 블로그, 인스타그램 등에 더 많은 자료가 있습니다. 특히 전시 개편 당시 팬데믹 상황이었기 때문에 온라인 영상자료가 많이 남아 있습니다. 담당 큐레이터뿐 아니라 공간 기획과 타이포 기획에 대해서도 담당 기획자들의 소개를 들어볼 수 있어서 궁금증 많은 저의 속을 시원하게 만들어준 전시이기도 합니다. 이후에 진행된 전시들은 그 노하우가 잘 쌓이고 있구나 싶어요. 《청자》, 《사유의 방》, 《기증자실》도 대대적으로 개편한 이후 관람객들의 호평을 듣고 있으니까요. 한 번쯤 방문해보시면 좋겠네요. 혹시 선택하기 어렵다면 국립중앙박물관 공식 블로그를 둘러보시면 조금 더 쉽게 전시를 골라보실 수 있을 거예요.

달항아리 전시와 관련한 더 다양한 자료들

전시 안으로 개입하기

다시 엮어낸 전시장의 물건들, 유유자적 3종

| 1. 백자 철채 뿔잔(백자 철화 풀무늬 각배) |

| 2. 백자 끈무늬 병 |

玉壺繫靑絲(옥호계청사) 술병에 푸른 끈 동여매고
沽酒來何遲(고주래하지) 술 사러 가서는 왜 이리 늦는가.
山花向我笑(산화향아소) 산에 핀 꽃이 나를 보고 웃나니
正好啣盃時(정호함배시) 참으로 술 한 잔 기울이기 좋은 때로다.

– 이백, 「기다리는 술은 오지 않고」

| 3. 이백의 시 |

전시실에서 다시 엮어낸 '유유자적 3종'을 소개합니다. 두 개의 유물과 이백의 시입니다. 각기 다른 범주에서 제시되었지만 개인적으로 큐레이팅을 해 묶어보았습니다. 전시 전체적으로는 사회정치적 변화에 따른 도자기의 변천을 보여주고 있지만, 그 사이사이 사람들의 삶의 모습도 엿볼 수 있습니다. 세 개의 유물은 모두 술과 관련되어 있습니다.

백자를 살피다가 이 시구가 눈에 들어온 건 3부에 위치한 〈백자 끈무늬 병〉이 떠올라서였습니다. 유명한 도자기죠. 단순하지만 재미와 여유가 느껴져서 한 번 보면 기억에 남습니다. 〈백자 철채 뿔잔〉은 2부 16세기 백자를 보여주는 공간에 위치하고 있습니다. 소뿔처럼 밑면이 뾰족한 술잔은 술을 채우면 다시 세워 놓기가 어려우니 한 번에 다 털어 먹어야 한

다는 점에서 머리가 어질어질해지는 도구입니다. 술잔과 술병은 백자 위에 철화로 칠한 호쾌함 역시 유유자적의 멋을 더 잘 나타냅니다. 그리고 여기에 시구를 더하면, 부러울 것 없는 행복한 하루가 그려집니다.

다른 사람들이 남긴 이야기

전시실을 사람들과 함께 살펴보다 고양이 그릇으로 딱 좋겠다며 철화 백자를 짚었던 분도 기억에 남고요. 그릇에 대해서 생각한 적 없었는데, 그래도 컵 종류를 구경하면서는 내 취향을 맞춰서 고르고 있었다는걸 발견한 분도 있었습니다. 집에 가서 부엌 찬장의 엄마의 콜렉션을 분석하게 되었다는 분도 있었습니다. 부드러운 백자의 흰 빛이 다채롭게 기억에 남았다는 분도 있었습니다. 무엇보다 박물관에 대한 선입견이 있던 분들이 박물관에 다시 오고 싶어졌다고 말씀해 주셨습니다. 우리의 기억 속 박물관이 글씨가 빼곡한, 배움의 공간이었다면 이제는 박물관의 모습도 많이 달라졌습니다. 관람자의 감상을 이끌어내고 적절히 휴게 공간도 배치하면서 사람들의 관심에 호응하고 있습니다.

달항아리, 우리가 아는 '호장품'

백자대호에서 달항아리로

달항아리를 알고 계시나요? 희고 동그랗게 생긴 도자기를 부르는 이름이죠. 전통의 아이콘으로 여기저기에서 많이 볼 수 있기도 하고요. 국립중앙박물관 전시실에서도 한 자리를 차지하고 있을 만큼 많은 사랑을 받고 있습니다. 달항아리는 17세기 경에 민중들의 생활용기로 만들어졌습니다. 당시의 기술에서 크기가 큰 편에 속하는 달항아리는 제작과정이 특이합니다. 위와 아래의 부분을 따로 만들어 가운데를

접합하는 방식으로 만들어졌는데요. 그래서 완전한 원형이 아니라 가운데 선을 기준으로 살짝 일그러져 보입니다. 하지만 억지로 형태를 매만지지 않습니다. 그대로의 솔직한 형태를 남긴 것 역시 하나의 멋으로 인정됩니다.

오늘날 달항아리는 단순하고 간결한 조선 백자의 아름다움을 보여준다는 설명과 함께합니다. 실용적인 목적으로 사용되었던 커다란 흰색 항아리는 어떻게 조선과 전통을 호명하는 아이콘이 되었을까요? 여기에는 이름의 몫이 분명 있는 듯합니다. 당시 달항아리를 부르는 이름은 백자대호(白磁大壺) 혹은 원호(圓壺)였습니다. 희고 커다란 둥근 모양의 항아리를 줄인 이 명칭은 다소 밋밋하게 느껴집니다. 분명 달항아리라는 명칭이 주는 느낌과는 다릅니다. 본래 달항아리는 고유섭, 김환기, 최순우 등 당대 백자대호를 아끼던 이들이 애칭처럼 부르던 이름이었습니다. 하지만 사람들이 이 이름을 좋아하고 계속해서 부르다 보니 어느새 등록문화유산이 되고, 공식이름이 되었습니다. 이처럼 이름을 부르다 보면, 달라지는 현실이 있습니다. 우리에게 달항아리는 아주 자연스러운 전통의 하나이지만, 이 명칭이 공식적으로 인정된 시기는 2011년입니다. 조선시대를 건너 지금처럼 사랑 받기 위해서는 생각보다 더 많은 시간이 필요했습니다.

그래서 저는 달항아리를 대표적인 '호장품'이라고 설명합니다. '호장품'이라는 말은 처음 들어보셨을 거예요. 사실 제가 만든 프로그램의 이름입니다. 호장품 만들기 활동은 자신의 애장품을 박물관의 소장품처럼 발굴, 연구, 등록하는 과정을 거쳐서 명세서(소장품의 주민등록증 같은 문서)를 작성하는 것으로 마무리됩니다. 이 과정은 내 주변의 사물을 잘 살피는 일이 될 수 있고 내가 가진 물건들의 아름다움과 가치를 살피는 일이 되기도 합니다. 계속해서 이야기를 덧붙이면 현실의 무언가를 바꿀 수 있습니다. 현실을 바꾸는 여정은 꽤 길고 험할 수 있습니다. 그러니 좋아하는 것이 있다면, 이름을 붙이고 자주 불러주세요. 그리고 그 변화는 박물관에서만 시작할 수 있는 일은 아닙니다. 도리어 현실을 만들면 박물관이 변화하기도 합니다. 이 사실을 알고 있다면 우리는 일상에서 전통을 재구성할 수도 있습니다. 우리는 무엇을 전통이라고 부를지, 그리고 어떻게 소화하고 남길 것인지도 학습해야 합니다.

사물에 쌓이는 경로와 이야기

한날한시에 태어난 쌍둥이도 각자의 성격이 있고 생애의 경로가 다릅니다. 사람에게만 이력이 중요한 것이 아니라, 사물에게도 이력은 중요합니다. 달항아리들은 각각 이름은 같지만 형태도 이력도 다릅니다. 같은 사기장이 같은 날, 같은 가마에서 구워낸 도자기들도 저마다 디테일이 다릅니다. 어떤 것은 다른 것보다 유명하고 자주 전시됩니다. 그렇기 때문에 더 중요해지기도 합니다. 국립중앙박물관에도 여러 점의 달항아리가 있습니다. 그중에서도 세 점을 골라보았습니다.

| 백자 달항아리 (접수 702), 조선, 높이 41.0cm, 입지름 20.0cm |

첫 번째 달항아리는 《분청사기·백자》실에 있는 유물입니다. 보물 1437호로 지정되어 있습니다. 보물로 지정된 달항아리에는 소장품 설명이 길게 적혀 있습니다.

"생긴 모양이 달덩이처럼 둥그렇고 원만하다고 하여 달 항아리로 불린다. 몸체는 완전히 둥글지도 않고 부드럽고 여유 있는 둥근 모양이다. 구워지는 과정에서 한쪽이 조금 내려앉았다. 곧바로 선 굽의 지름은 입 부분의 지름보다 조금 좁다. 푸른 기가 거의 없는 투명한 백자유가 씌워졌고, 부분적으로 빙렬이 크게 나 있으며, 표면의 색조는 우윳빛에 가깝다. 흔히 맑은 흰 빛과 너그러운 둥근 맛으로 요약되는 조선백자의 미를 대표하는 잘생긴 항아리로 꼽힌다."

| 백자 달항아리 (신수 3658), 조선, 높이 46cm, 입지름 20.3cm |

두 번째 달항아리는 세 점 중에서 가장 크기가 큽니다. 상설전시 《중·근세관- 조선2실》에서 전시되고 있습니다. 러시아 《솔숲에 부는 바람 한국미술 5000년》, 일본 《동아시아의 꽃 도자명품전》에 전시된 백자 달항아리입니다.

| 백자달항아리 (건희 1601), 조선, 높이 34.3cm, 입지름 14.3cm |

세 점 중 가장 작은 크기의 달항아리입니다. 이건희 회장 기증으로 소장품이 되었습니다. 유물 등록 번호부터 기증자의 이름이 남아 있습니다.

세 점의 달항아리는 비슷한 형태를 갖고 있지만, 균등한 설명과 전시 기회를 갖지는 않습니다. 박물관에 등록하기 이전의 이야기부터 이후의 이야기까지 모두 포함해서 각자 다른 이력을 갖고 있습니다. 사물이 어디에서, 누구와, 어떤 상황에서, 어떻게 현실과 관계를 맺어왔는지는 사람들이 이해하고 의미를 만드는 것에 영향을 미칩니다. 인간처럼 사물에도 생애가 있습니다. 어떤 우연은 필연으로 만드는 과정을 통해 사람들에게 다가옵니다. 사물의 진가라는 것은 어떻게 만들어지는 것인지 다시 질문하게 되는 지점입니다.

달항아리를 조명하는 다양한 방식

국립중앙박물관 《분청사기·백자》

국립중앙박물관의 도자기 테마 전시는 고려 청자부터 분청사기, 조선 백자를 시간의 흐름에 따라 배치해 변화하는 모습을 보여줍니다. 시대를 담아낸 도자기 사이에서도 눈에 띄는 구간이 달항아리입니다. 개편에 맞춰 제작된 영상에서 담당 학예사가 공간에 대한 자세한 설명을 하고 있습니다.

| 전시실 위치: 국립중앙박물관 > 상설전시 > 분청사기·백자실 > 백자 > 달항아리 |

"달항아리를 감상할 수 있도록 만든 특별한 공간이 분청사기·백자실에 있습니다. 온 방을 하얀 한지로 도배하였고, 방 한가운데에는 달항아리가 있습니다. 그리고 항아리 뒤로는 영상이 흐르고 있는데요, 방의 크기와 영상의 크기는 한옥의 공간을 염두해 두고 연출하였습니다. 방 한가운데 놓여있는 항아리 그리고 그 항아리 뒤에 흐르는 영상을 함께 감상해 보세요."•

• 국립중앙박물관 유튜브 채널 영상 '[분청사기·백자실] 달항아리 공간은 어떻게 기획했을까?' 중에서 (https://www.youtube.com/watch?v=r1OkWTCtbHY)

학예사의 설명처럼 여러 연출 요소가 있는 특별한 공간으로 제시되고 있습니다. 달항아리는 여타 다른 전시물과 비교되는 큰 공간을 차지하고 있으며, 앞뒤로 영상 2종이 함께 배치되어 많은 추가 설명을 덧붙이고 있습니다. 달항아리를 마주본 정면에는 의자가 준비되어 있어 달항아리 감상에 집중할 수 있도록 만들어져 있습니다. 학예사의 영상을 찾아보지 않고 의도를 듣지 않아도, 자연스럽게 많은 관람객이 해당 공간 앞에서 많은 시간을 보내게 됩니다.

아모레퍼시픽미술관 《APMA, CHAPTER TWO》

그렇다면 미술관에서는 달항아리를 어떻게 보여줄까요? 아래 사진은 2020년 아모레퍼시픽미술관에서 전시했던 고미술 소장품 전시 중 도자기를 전시하는 공간의 모습입니다. 저는 이 전시가 꽤나 놀라웠습니다. 역시 의도된 연출적 요소가 있었다는 사실을 보도자료에서 확인할 수 있었습니다. 혹시 발견하셨나요?

> "작품을 개별 쇼케이스에 배치하는 기존 방식에서 벗어나, 전시실 중앙에 마련된 전시대 위에 삼국시대부

| 전시실 위치: 아모레퍼시픽미술관 > 특별전시 > 소장품전 > 도자기 > 백자 > 달항아리 |

터 조선시대에 이르는 수백 점의 토기, 청자, 분청사기, 백자를 함께 모아 배치하는 새로운 전시 연출을 시도했다. 천오백여 년을 아우르는 도자기의 다채로운 개성과 아름다움을 동시에 감상할 수 있게 구성한 것이다. 대표적으로 〈백자대호〉(보물 제1441호), 〈분청사기인화문사각편병〉(보물 제1450호) 등을 포함해 다양한 도자가 한 공간에 배치된다."•

• 아모레퍼시픽 뉴스, '아모레퍼시픽미술관, 고미술 소장품 특별전《APMA, CHAPTER TWO》개최 (https://prd-ko-int.apgroup.com/int/ko/news/2020-07-23.html)

이 전시에서는 별도의 유리가 없이 전시실 중앙에 시기별로 도자기를 배치했습니다. 잘 보면 그중에서도 가장 중앙에 백자 달항아리를 배치하며 유물을 강조했습니다. 긴 글로 설명하기보다는 직접 미감을 살필 수 있도록 만든 전시실 구성이 새로웠습니다. 긴 역사가 한 장면에 담긴 시각적인 스펙타클은 지금도 기억에 남네요. 보도자료 말미에서 달항아리를 대표 전시물로 다시 한 번 언급하는 것도 확인할 수 있습니다.

서울공예박물관 《백자 : 어떻게 흙에다가 체온을 담았을까》

앞서 국립중앙박물관과 아모레퍼시픽미술관은 시간적으로 연속된 도자기의 변화 중 강조되는 지점으로 달항아리를 제시했습니다. 반면 '공예'를 중점으로 백자를 해석한 《백자 : 어떻게 흙에다가 체온을 담았을까》전은 전시 전반에는 백자 태토, 유약, 안료에 대한 분석과 주요한 장식 기법과 대표작을 정리하는 백자의 '재료'와 '기술'에 대한 연구를 보여주고 가장 전시 말미에 시기 구분 없이 여러 공예 작가의 작업과 함께 달항아리를 제시하는 방식을 택했습니다. 사진을 통해 가장 먼저 보이는 도자기는 보물 제2064호 부산광역시

| 전시실 위치 : 서울공예박물관 > 연구기획전 > 백색의 어울림 > 백자대호 |

립미술관 소장 〈백자대호〉입니다. 그 아래 아크릴 짜맞춤 후 연마하여 만든 김현희 작가의 〈뒤주〉를 배치하였습니다. 벽면에는 김환기 화백의 1949년 작품인 〈백자와 꽃〉과 정소윤 작가의 2022년 로에베 공예상 결선작품인 〈누군가 널 위하여〉가 수묵화처럼 펼쳐져 있습니다.

세 개의 전시, 각기 다른 제시

이처럼 유사한 전시물이라고 해도 전시에서 제시하는 방식에 따라 감상자에게 다가오는 해석과 느낌이 달라지게 됩니다. 박물관마다, 전시마다 장점이 다릅니다. 어떤 곳은 동선, 설명문, 배치, 구획이 좋을 수 있죠. 그리고 그 방식은 관람객에게는 친절하게, 과시적으로, 거칠게, 진부하게, 탁월하게 느껴집니다. 그렇다고 어떤 기관의 전시 방법이 틀린 것도 아니죠. 각 기관은 기관의 비전과 미션에 따라 적절한 주제와 시나리오를 구성하고 전시를 연출합니다. 그러니, 관람하는 우리도 이를 유의하여 어떻게 무엇을 제시하고 있는지 확인해 보면 좋습니다.

전시를 확장하는 다른 사물

공평도시유적전시관에서 만난
〈백자저부편 - 여성 이름 명문〉

전시 서문에서 밝힌 것처럼 국립중앙박물관의 《분청사기·백자》 공간에는 조선 왕조의 흥망성쇄를 함께하는 도자기를 주목하며 전시의 말미는 관요의 민영화로 전시를 마무리 짓습니다. 도자기를 만드는 사람으로 '도공'과 사용하는 사람으로 주목되는 대상이 '왕실'이라서 왕만이 사용할 수 있는 용 문양이 그려진 도자기가 많습니다. 그러다 보니, 평범한 사람들이 사용했던 도자기는 어땠을지 궁금해졌습니다.

질문에 대한 대답은 서울 종로구 종각역 인근에 있는 공평도시유적전시관에서 찾았습니다. 공평도시유적전시관이 위치한 건물은 주변에 비해서도 높은 층수를 자랑합니다. 그 이유는 지하에 전시관을 만들어 서울시에 기부했기 때문입니다. 지하 층을 기부하는 대신 더 높은 층수로 건물을 지을 수 있게 되었습니다. 이 전시관이 특별한 건 이 사연 때문만은 아닙니다. 지하 층을 전시관으로 사용하면서 본래 있었던 발굴 유적을 거의 원형에 가깝게 보존했기 때문입니다. 서울시 그리고 국내에서는 최초로 손꼽는 사례라서 큰 화제가 되었습니다. 보존처리를 한 흙 위에는 집터와 집 모형 그리고 유물장이 함께 배치되어 있습니다. 종로 인근은 예나 지금이나 번화한 공간이라서, 번듯하게 지은 관공서나 부잣집부터 다닥다닥 붙은 민가, 시장 골목까지 있었습니다. 발굴을 하면 그만큼 많은 유물들이 나오기도 했습니다.

그중 제가 좋아하는 전시물은 여성들의 이름이 적혀 있는 한 그릇 조각입니다. 시장의 모습을 재현하는 영역에 있는 이 그릇 조각은 큰 행사가 있을 때 그릇을 대여하는 '세기전(貰器廛)'에서 사용되었던 것들입니다. 그릇을 빌린다는 것이 지금 생각하면 신기한 일이지만, 당시만 해도 지금만큼 물자가 풍부하지도 않았을 때고, 큰 행사나 손님 맞이를 할 때는 이렇게 필요한 그릇을 빌리기도 했었나 봅니다. 세기전을 찾아오는 이들도, 운영하는 이들도 모두 여성이라는 점에서도 인상 깊었습니다. 조선은 여성의 사회활동이 극히 제한되었다는 인상이 강한 데다가 심지어 상업활동을 할 수 있었다는 점도 놀라웠습니다. 이 전시물들은 또한 여성들의 문자 생활도 알아볼 수 있습니다. 이름은 한자가 아니라 훈민정음으로 기입되어 있었습니다. 검은 먹물로 써 놓은 '막비', '금미', '뉴워리' 등 당신 여성들의 실제 이름을 읽다 보면 생생한 삶의 현장을 떠올리게 됩니다. 번잡한 시장 골목을 누비는 여성들이 서로의 이름을 부르며 무거운 그릇을 들고 집으로 오가는 모습을 상상합니다. 과거의 골목과 현재의 골목이 함께 겹쳐지는 전시 공간 위에서 이 사연을 듣다 보면 씩씩한 마음이 생깁니다. 부지런히 움직이며 삶을 이어온 과거의 사람들 덕분에 지금이 있겠구나 싶어요. 이 감각을 잊지 않고 다른 도자기들도 살펴봐야겠다는 생각을 합니다. 국립중앙박물관에서 처음 만들어진 질문은 시간이 흘러 공평도시유적전시관으로 옮겨왔습니다. 부지런히 전시를 보다 보면 또 다른 이야기가 어느 곳에선가 이어지겠지요?

우리 집에 있는 달항아리

저에게는 양손을 펼치면 손 안에 쏙 들어오는 작은 크기의 달항아리가 있습니다. 서울 은평구에 이사 와서 처음 중고거래를 하면서 구입한 것입니다. 서른 살, 첫 독립이라는 점에서 나름 비장한 마음으로 집을 꾸미기로 했습니다. 사람들이 많이 하는 온라인 집들이도 해보고 싶어서 어떻게 꾸밀까 고민했습니다. 마치 박물관에서 전시를 만들 때처럼 내가 가진 것들로 무엇을 할 수 있고, 이것들을 어떻게 보여줄 수 있을지 고심했습니다. 그렇게 생각을 하다가 백일상이나 돌잡이상처럼 전통적인 느낌으로 생일상을 차리고 생일에 맞춰 집들이 행사를 하기로 결정했어요. 집들이용 소품은 동네에서 중고거래로 구입하기로 마음먹었습니다. 이사 온 동네를 중고거래를 계기로 둘러보기도 하고, 피상적이기는 하지만 사람들과 만남을 가질 수도 있을 것 같더라고요. 그렇게 목적도, 과정도, 이유도 설정해 보았습니다.

처음 선택한 중고 소품이 달항아리였습니다. 두 개의 작은 항아리가 하나의 세트로 구성되어 있습니다. 항아리 하나에는 이전 주인이 소중하게 써달라는 문구를 적어둔 쪽지가 들어 있습니다. 재밌는 일화라고 생각하며 3년이 지난 지금도 간직하고 있습니다. 본래의 달항아리는 크기가 크기 때문에, 윗부분과 아랫부분을 각각 따로 제작하여 위아래를 접붙인 항아리입니다. 그래서 그 모양이 완벽한 대칭일 수 없지만, 최근에는 '둥근 달 모양을 닮은 무늬 없는 백자'를 달항아리라고 통칭하고 있습니다. 그래서 제 달항아리도 과거의 방식으로 만들어진 달항아리보다는 크기도 작고 매끄러운 대칭을 갖춘 모양을 하고 있습니다. 이 형태 자체가 일종의 전통의 아이콘이 되어서 조명, 케이크, 인센스, 가구 등 여러 형태로 변용되고 있습니다. 달항아리의 활발한 변신이 본래의 의미와 맥락을 잊게 만드는 면이 있기도 해서 이게 정말 전통이 맞을까 긴가민가하기도 하지만, 과거부터 현재까지 통용되는 아름다움을 지닌 성공적인 전통 활용의 사례라고 할 수도 있겠지요.

이후 첫 번째 선택을 배움 삼아 전통적인 '이미지'보다는 좀 더 실제로 다른 사람들이 오래 갖고 있던 물건들을 수집

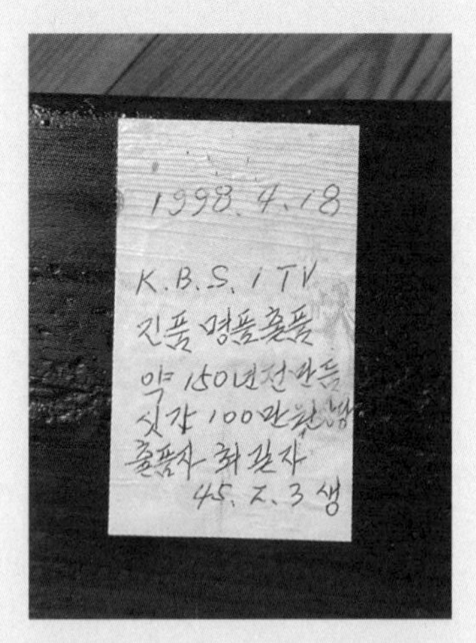

| 1998.4.18. KBS 1TV 진품명품에 출품된 뒤주 |

약 150년전 만들어짐. 싯가 100만원 상당. 출품자 최길자(1945년 생)

했어요. 개인적으로 애착이 가는 물건은 40cm정도 높이의 작은 협탁 같아 보이는 뒤주입니다. 가장 예쁘거나 값어치가 있는지는 사실 모르겠어요. 크기나 나무색은 마음에 들지만, 관리가 아주 잘 되어 있지는 않거든요. 뚜껑은 갈라지다 못해 분리가 되는 수준이고요. 나무 표면에는 기름칠 대신 니스칠을 해서 번쩍번쩍한 광이 납니다. 대신 쪼개어 부서진 뚜껑 뒤에는 붙어있는 메모가 있습니다. 사실 그걸 보고 샀어요.

물건을 파시는 분은 자기 친구의 엄마 분이 물려주셨다고 했어요. 이 경로도 재밌습니다. 이 물건이 정말 진품명품에 출품이 되었는지, 싯가 100만원이 맞는지는 모르겠어요(참고로 저는 8만원에 샀어요). 중요한 건 그 메모가 있고, 물건에 담긴 이야기를 알았고, 지금 제가 갖고 있다는 점이에요. 분명 30여 년 전에는 멋지고 좋은 것이라고 했는데 정작 시간이 지나서는 좀 홀대 받고 있는 모습이 된 것이 씁쓸하면서도 이 물건의 위치를 정확히 보여준달까요? 중고 거래를 통해 집에 자리 잡은 물건들은 동네 골목에 대형 폐기물 딱지가 붙어서 처분을 기다리고 있는 물건들과 별반 차이가 없어 보이기도 합니다. 이 동네에서는 너무 많고, 너무 평범한 물건입니다. 저는 동네 골목에 버려진 오래된 물건들을 보며 저기에 과거가 담겨 있는 것 같은데 너무 쉽게 버리는 것처럼 느껴집니다. 모든 것을 기억할 수는 없겠지만, 그래도 제가 모은 물건들로 기억할 수 있는 어떤 이야기와 의미가 있지 않을까 해요. 그리고 이 유난스러운 집 꾸미기가 사람들에게 흥미롭게 다가왔나봐요. 지난해 집 사진을 올린 뒤에 TV프로그램도 나가고, 잡지 촬영도 했습니다. 사람들이 궁금해하는 건 가구나 소품 하나하나 물건 그 자체가 아닐 겁니다. 이 집에서 저라는 사람의 의견을 더해 만들어진 물건들의 이야기가 재밌지 않았을까요? 사물은 분명 무언가를 갖고 있고 우리는 거기에 이야기를 더해 새롭게 의미를 만들 수 있습니다.

박물관이 나의 의견을
직접 묻는다면?

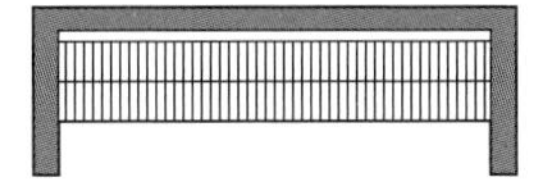

박물관이 나의 의견을 직접 묻는다면

박물관이 진정성 있게 질문하고 관람객은 그 질문에 답하는 과정을 겪는다면 사람들은 더욱 깊이 있는 생각을 하게 되지 않을까 싶습니다. 그리고 그 생각들이 모여, 박물관이라는 공간은 단순히 과거를 보존하는 장소에서 벗어나 미래를 향한 대화의 장으로 거듭날 것입니다. 이 과정에서 우리는 박물관을 통해 새로운 시각을 얻고, 그 시각으로 세상을 바라보는 방법을 배워나가겠죠. 그리고 저는 전시가 그 기능을 할 거라고 믿습니다. 하지만 전시를 통해 관람객에게 질문을 전달하는 일도, 관람객이 답변을 박물관으로 전달하는 일도 참 어렵습니다. 이상과 현실의 간격이 있습니다.

전시자문: 전시독후감

2022년, 함께 전시를 봤던 사람들과 당시 개관을 앞두고 있는 인천 송도의 국립세계문자박물관의 상설전시와 기획전시에 '전시독후감'이라는 이름으로 자문 위원에 참석했습니다. 자문이라고 하면 의례적으로 교수님, 관장님, 경력 많은 학예사 분들이 초청되기 마련인데요. 얼떨떨했습니다. 개인의 이름이 아니라 시민을 대표하는 모임으로 참여할 수 있었다는 점이 더 좋았습니다. 박물관은 역사와 문화를 보존하고 전달하는 중요한 공간이지만, 관람객과의 소통은 상대적으로 제한적일 수 있습니다. 전통적으로 박물관은 전문가와 학자들이 주도하는 공간이었으며, 일반 관람객의 의견이나 시각이 반영되기 어려운 구조였습니다. 이 자문단에 참여했던 경험은 단순히 관람객의 입장에서 박물관을 바라보는 것이 아니라, 그 과정에 직접 참여하여 박물관의 내용을 형성하는 데 기여할 수 있다는 점에서 기뻤습니다.

나의 목소리가 반영되는 박물관

기획전 《긴 글 주의 - 문자의 미래는?》 전시는 시민 자문단뿐만 아니라 박물관 내부직원의 목소리도 함께 포함되었다는 점이 재미있었습니다. 박물관 아트숍을 담당하고 계신 직원분의 실제 업무 사항을 전시에서 만날 수 있기도 해서, 이 역시 열린 태도라고 생각했습니다. 시민에게만 열린 것이 아니라 조직 내부 구성원에게도 열린 곳이라는 걸 확인할 수 있었어요. 이런 조직이 건강한 조직 아닐까요? 외국 박물관의 선진 사례에서만 볼 수 있었던 부분이 보여서 신기했어요. 조직 안에 할당된 소수성에 대해서도 할말이 더 이어질 수 있지만, 일단 인식하고 변화해 보겠다는 점에서 좋다고 생각했습니다. 하지만 의도적으로 표집된 그룹에서 다양성을 보여주는 일은 분명 한계가 있습니다. 비정형의 요소가 자연스럽게 나타날 수 있는 환경이 조성되어야 진정한 다양성 확보가 가능하리라고 생각하거든요.

다음을 상상하며

두 차례의 자문 경험을 통해 관람객의 의견이 닿을 수 있는 경로를 찾을 수 있을 거라는 기대감이 들어서 좋았습니다. 앞으로도 전시 안팎에서 전시와 사회를 연결할 수 있는 지점들을 찾고 싶습니다. 이후에도 종종 박물관에서 전시와 프로그램 자문 혹은 직원 교육 요청이 들어오는데, 그때마다 신기하고 설렙니다. 지금처럼 박물관이 계속 외부 사람들과 소통한다면 아마 사람들이 더 많은 다양성을 박물관으로부터 배우고 익힐 수 있을 것이라고 생각합니다. 그리고 그 과정을 이 책을 읽은 사람들도 어쩌면 함께할 수 있지 않을까 상상해 봅니다.

맺는 글

지난 나를 응원하며 쓰는 글

글을 써나가면서 가장 먼저, 그리고 오랫동안 생각한 사람은 저 자신입니다. 어릴 적부터 쌓아온 풍부한 전시 경험 같은 건 없는, 그렇다고 주위에 나를 전시로 이끌어 줄 어른 혹은 친구도 없는 내가 이 모든 걸 어떻게 이해할 수 있는지 따져 물었던 시절이 있었습니다. 미술사나 역사, 미학과 너무 먼 나도 전시에 대해 말할 구석이 있는지 궁금했어요. 전시의 안팎에서 그렇게 오래 지냈는데, 전시 보는 일을 좋아한다고 자신 있게 말하게 된 건 최근의 일입니다. 그간 너무 마음이 무거웠거든요. 전시를 보고 내 인생을 살러 떠나는 사람이 아니라 내 인생에 남길 무언가를 얻기 위해 전시장에 머무는 사람이었거든요. 그래도 오래 있다 보니 자연스러워지긴 하더라고요. 전시에서 뭔가 얻어야 한다는 강박을 흘려보내고 돌이켜 보니, 전시장은 함께하기를 배우기 좋은 곳입니다. 전시모임을 하면, 다들 잘 모르겠다고 이야기를 터놓고서 결국에는 전시를 경유해 자신의 이야기를 펼칩니다. 그 모습을 얻게 되는 순간들이 참 소중해요. 거기에 저의 자리가 있을 수 있겠다 싶었어요. 제가 전시를 통해 배우는 일은 전시에서 나온 지식을 외우는 것이 아니라 나로부터 시작되는 말을 하며 옆 사람과 함께하는 일이었습니다. 나처럼 말하고 나처럼 관계 맺는 일이요. 그리고 그런 저와 다른 사람들에게 말 걸고 싶은 마음으로 이 책을 채웠습니다.

전시를 제대로 보고 싶은 마음

열성적인 관람객으로, 때로는 도슨트, 교육강사, 박물관 직원으로 다양한 역할과 시선에서 전시를 살펴보면서도 매번 내가 정말 전시를 제대로 보고 있는 건가 하는 불안감에 휩싸였습니다. 혼자서 반복적으로 전시를 살펴보면서 알게 된 것도 있었지만, 그것만으로는 부족하다는 생각이 들었습니다. 그럴 때, 내 옆에 있는 사람과 함께 전시를 살피고 싶어졌어요. 내 앞에 있는 사람과 전시에 대해 이야기할 수 있는 방식으로 대화의 틀을 꾸렸습니다. 이왕이면 그 과정이 어느 전시장에서든 통할 수 있었으면, 체계적인 방식을 갖추면 좋겠다는 생각을 했습니다. 그리고 제가 던진 질문에 대한 답변은 전시와 작가와 작품에 대한 숨겨진 지식이 아니라 그 사람을 통해서만 들을 수 있는 개인적인 감상이었습니다. 그 자체로 충분히 의미가 있었습니다. 타인의 말을 통해 저는 전시와 세계를 이해할 실마리를 배웠습니다. 전시를 제대로, 완벽히 통제하고 싶은 마음은 그제서야 멈추더라고요. 누구도 의미와 해석을 단일하게 이해하거나 정리할 수는 없었어요. 감상에는 누군가의 허락과 인정은 큰 의미가 없다는 사실을 절감했으니까요. 완벽하고 싶어서 가졌던 질문은 어리석은 질문이었어요. 질문보다 훌륭한 답변들 덕분에 저는 태도를 고쳐 잡았습니다. 감상은 지극히 나답게 반응하는 것이라는 깨달음을 얻었습니다.

배운 것과 경험한 것을 토대로 모두가 나름의 감상을 표현 할 수 있다고 믿습니다. 그래서 이 책을 쓸 용기를 냈습니다. 여전히 너무 부족하게만 느껴지지만, 그래도 지금 이대로를 잘 보여주기로 했습니다. 독자에게 말 걸며 권하듯이요. 꽤 오랜 시간 쌓아온 경험과 지식을 엮어서 책이라는 걸 만들었습니다. 인생의 한 고비를 넘기는 기분이 듭니다. 그간 이해할 수 없는 선택들을 묵묵히 지켜보며 응원해 준 가족들에게, 그리고 저의 횡설수설하는 말들을 들으면서도 고개를 끄덕여준 선생님과 친구들에게, 저의 이야기가 분명 의미 있다며 말할 자리와 기회를 준 동료들에게 감사의 마음을 전하고 싶습니다. 고맙습니다.

박물관은 조용하지 않다

초판 1쇄 발행 2024년 10월 31일
초판 2쇄 발행 2024년 11월 25일

지은이 | 이연화
발행인 | 홍경숙
발행처 | 위너스북

경영총괄 | 안경찬
기획편집 | 이다현, 김서희
마케팅 | 박미애

출판등록 | 2008년 5월 2일 제2008-000221호
주소 | 서울 마포구 토정로 222, 201호(한국출판콘텐츠센터)
주문전화 | 02-325-8901
팩스 | 02-325-8902

디자인 | 유어텍스트
지업사 | 한서지업
인쇄 | 영신문화사

ISBN 979-11-89352-83-7 (03300)

* 책값은 뒤표지에 있습니다.
* 잘못된 책이나 파손된 책은 구입하신 서점에서 교환해 드립니다.
* 위너스북에서는 출판을 원하시는 분, 좋은 출판 아이디어를 갖고 계신 분들의 문의를 기다리고 있습니다.
winnersbook@naver.com | Tel 02-325-8901